大夏书系 | 教师专业发展

让学生爱上你的教学

凌宗伟 ———————————————— 著

华东师范大学出版社

·上海·

图书在版编目（CIP）数据

让学生爱上你的教学 / 凌宗伟著．
— 上海：华东师范大学出版社，2023
ISBN 978-7-5760-4292-4

I.①让… II.①凌… III.①中小学—教学研究 IV.① G632.0

中国国家版本馆 CIP 数据核字（2023）第 210097 号

大夏书系｜教师专业发展

让学生爱上你的教学

著　　者	凌宗伟
策划编辑	朱永通
责任编辑	卢风保
责任校对	杨　坤
装帧设计	奇文云海 · 设计顾问

出版发行　　华东师范大学出版社
社　　址　　上海市中山北路 3663 号　邮编 200062
网　　址　　www.ecnupress.com.cn
电　　话　　021-60821666　行政传真 021-62572105
客服电话　　021-62865537
邮购电话　　021-62869887
地　　址　　上海市中山北路 3663 号华东师范大学校内先锋路口
网　　店　　http://hdsdcbs.tmall.com/

印 刷 者　　北京博海升彩色印刷有限公司
开　　本　　890×1240　32 开
印　　张　　8.5
字　　数　　170 千字
版　　次　　2023 年 12 月第一版
印　　次　　2024 年 1 月第二次
印　　数　　6 101-9 100
书　　号　　ISBN 978-7-5760-4292-4
定　　价　　55.00 元

出 版 人　　王　焰
（如发现本版图书有印订质量问题，请寄回本社市场部调换或电话 021-62865537 联系）

目 录

序

教学理解是
贯通教师知与行的关键

"教师是立教之本、兴教之源",教师承担着促进学生健康成长、发挥学校教育主阵地作用、办好人民满意教育的重责大任,其队伍素质的高低直接决定了所在学校、区域乃至中国教育的办学水平。需要指出的是,社会的急剧变化正重塑着教师所处的环境,让教师面临着新的工作挑战,比如,如何在全球化背景下培养肩负中华民族伟大复兴重任的时代新人,如何在人工智能高度发达的技术世界里培养具有创新性和主体性的人,如何在强调学生个性发展的教育情境里培养具有包容、关爱社会他人之移情性理解能力的人等。

这些涉及培养目标等深层次问题的挑战,提醒人们要把变革重心更多地放在学校和教师身上,正如联合国教科文组织在《反思教育:向"全球共同利益"的理念转变?》中所指出的那样,"科学技术发展的步伐不断加快,预测新的专业和相关技能需求变得越来越困难",因此,要采取更加弹性的教育系统,要优化过多的基于标准化思维的绩效考核措施,充分发挥每一所学校及其教师的变革能动者的作用，让学校成为联通学生不同生活世界的生命成长之所，让课堂教学真正激发学生的发展潜能，帮助其成为胜任未来工作、坦然面对变迁、关怀民族命运、体认生活意义、释放自己情感和潜能的完整的人。

增强学生社会适应力和创新能力培养的时代诉求，正通过新高考、新课改、新课标、新教材等新的教改政策及其措施体现出来。2014年上海、浙江启动新高考改革，引发了新一轮课程改革，其核心问题就是切实发展核心素养，全面落实立德树人根本任务，如"普通高中的培养目标是进一步提升学生综合素质，着力发展核心素养，使学生具有理想信念和社会责任感，具有科学文化素养和终身学习能力，具有自主发展能力和沟通合作能力"，其带来的是包括课程标准、课程内容以及教材、教学评价等各环节的系统变化。

从教改工作进程来看，普通高中的课程修订工作自2014年启动，至2017年底、2018年初基本完成。随后，高中教材也全部修订完成。2022年秋季开学时，全国各省（自治区、直辖市）均启动实施新课程新教材；到2025年，新课程新教材的理念、内容和要求要全面落实到普通高中教育教学各个环节。义务教育阶段的课程修订工作自2019年启动，于2021年先后经过国家教材委的专家委员会审议和教育部党组审定，并由国家教材委员会进一步审定。同时，国家启动了义务教育阶段的教材修订。2022年教育部印发义务教育课程方案和语文等16个课程标准，并要求做好义务教育的教材修订与投入使用。

这次改革能否取得预期效果，有赖于广大教师的专业支持和情感投入程度。从《普通高中语文课程标准（2017年版）》中可以清晰地看到，课程内容有了非常重大的变化，构建了18个学习任务群，新增了三类课程的学习要求及中华优秀传统文化的内容，凸显了高中语文的综合性、人文性、实践性和时代性的特点。这些变化将挑战广大教师的教学认知，期待他们在教学实践中做出行为改变。如，在教学目标的认知上，教师们需要认真思考知识传授、能力培养与核心素养养成之间的关系，避免割裂知识与能力之关系的事件重演。又如，在教学方式的采用方面，教师们需要在充分发挥教师讲授功能的同时，采取更加多样化的教学方式，让学习科学、脑科学等理论在教学过程中很好地落实，改变"以教定学"的教学过程，变革被动接受的学习方式。因此，促进教师专业成长，建设高素质专业化创新型教师队伍，就成为新时代教育改革与发展的"基础工作"，需扎实推进，丝毫不能松懈。

教学情境的差异性和不确定性，决定了教学活动不是按部就班的标准化操作。而层出不穷的教育教学改革，更在客观上加剧了教学工作环境的复杂化。一定意义上，教学就是教师根据教学现场的需要，发挥自己的教学智慧，以灵活应付过程中出现的各种意外。这也从一个侧面说明了教师成长不仅是必须的，而且是艰难的。荷兰学者柯萨根提出了教师实践性知识的洋葱圈模型，形象地呈现了教师在外在环境的影响下，由外到内涉及的行为、能力、信念、认同与使命五个层面的反应与改变。显而易见，随着洋葱圈被一层层剥开，教师改变的难度也更大。

一项研究表明，教师们在教育创新项目中主要在四个方面发生了变化：知识和信念的变化，实践意向的变化，教学实践的改变，情绪的变化。而从参与调查的教师所汇报的 1287 项学习成果来看，50% 的教师认为自己在知识和信念维度上发生了变化，35% 的教师在情绪维度上发生了变化，13.5% 的教师在实践意向维度上发生了变化，1.4% 的教师在教学实践维度上发生了变化。换言之，在各种学校变革和教师专业发展项目的洗礼下，教师们对项目目标和内容知之甚多，也对自己的专业信念进行了审视和反思，但真正产生变革意向的寥寥无几，能够将所学付诸实践的更是屈指可数。

何以如此？肯·布兰佳等人在《知道做到》一书中对此进行了有益的讨论。他们认为有三大原因阻碍了人们将"所知"转化为"所为"：（1）信息超载。相较于应用已有的知识，人们觉得获取新事物更有趣，于是热衷于接受各种新的信息，以至于经常出现信息通道堵塞的现象。（2）消极过滤。消极的成长氛围加剧了人际关系的隔膜，促使人们相互建立防御机制，并在面临新知识、新事物时产生消极过滤系统。（3）缺少跟进。很多人会在初次接触新事物时被触动，但由于没有制订一个跟进计划，结果很快就故态复萌，没有任何行动和改变。

这就启示我们在实施教育变革项目、促进教师专业发展时，要认真设计教师学习内容和方式，更要考虑促进教师将所学内容转化为实践行为的切实举措。为此，要确立指向学生成长的教师发展价值观，实实在在地改变课堂教学，提升学生的学习成效；要精选有助于教师对话反思的课程内容，方便教师形成认知框架，自觉与各种新知进行对话，避免陷入碎片化、混杂化的知识状态；要培养开放的学习心态，创造安全的心理环境，帮助教师走出舒适地带，以积极的心态面对新事物；要注重后续跟进与反馈，加强教师与有关专家的伙伴关系的构建，鼓励教师分享实践经验，将教师学习与实践有机结合起来，突破"知道"与"做到"的瓶颈。

令我高兴的是，上述关于教师专业发展的一些看法，与宗伟校长大作中的宏论不谋而合。《让学生爱上你的教学》是宗伟校长的近作，是他将理论与实践融为一体的最新结晶。全书共四个部分。第一部分对教学的内涵进行了分析，通过一篇篇文字回答了何为教学、何为教师、何为学习、何为教学理解等一系列问题，说明了"教学是简单的，更是复杂的"。第二部分论述了教师理解教学的重要性，集中回答了教育理论与实践的关系、强化教师理性反思能力，以及对教学目标、教学设计、课堂观察等具体内容的理解等问题，并以教学案例现身说法，呈现基于深刻理解的教学该有的样态。第三部分细致地分析了对教学活动组织的理解，包括教学规范的遵从与改变、教学态度与教学效果、对学生的关注与支持、教学目标的微调等问题，让教学理解体现在教学活动的全过程。第四部分强调了要加强对教学的研究，"要借助有关理论的指导，否则就有可能永远停留在经验主义的层面中理解教学"。整本书，观点明确，要言不烦，论述风格亦如作者性格，快人快语，不拖泥带水。

认识宗伟校长多年了，刚开始接触时，知道他是一位资深的教育工作者，有着一线语文教师、学校中层管理干部和校长的丰富实践经验，也有着中学语文特级教师、全国优秀校长、《中国教育报》"2012 年度推动读书十大人物"之一等响亮的名头。后来看到他不间断地在微博和朋友圈发的文字，深深为其旺盛的求知欲、敏锐的观察力和犀利的批判精神所折服。他读书之多、反思之深、写作之勤，都非常人所能及。他非常善于捕捉教学实践中的关键问题，条分缕析、娓娓道来，让读者充分领略其论述功力与魅力。如果说好的选题多得益于他在长期实践中形成的教育智慧，那么，引人深思的理性分析则得益于他博览群书后的厚积薄发。

宗伟校长知我一直从事教师专业发展相关领域的研究，嘱我为该书作序，诚惶之余，不敢违命，乃勉强为之，是为序！

操太圣

南京大学教育研究院·陶行知教师教育学院

教授、副院长、博士生导师

前　言

　　有一回看到一位老师执教《出师表》时，用 PPT 将一段文字呈现出来，其中教材上有注释的一些词语用红色进行突出显示，先让学生读这段文字，然后要求学生合上书本将这些语的意思写出来，集体订正，再在 PPT 上将注释呈现出来，又将这段文字的翻译投射出来，也有让学生读出相应语气的环节与要求，但更多的是翻来覆去地一句一句地讲解，不知不觉一堂课就过去了。看到这样的教学场景我虽然不觉得意外，但还是有点诧异。我翻了翻教材，"单元提示"的要求是感受古人智慧，体会他们的责任感和担当精神；熟读成诵，积累文言词语，理解古今词义的差异……这篇课文的"预习"则要求了解诸葛亮，了解"表"这一文体，尤其是言辞的恭敬、恳切，还有读出恰当的语气。从整个教学过程看，这位老师显然没有看教材上的这些内容。现代教育工具在他那里不过替代了板书、要求学生看教材的提示而已。

　　这件事情让我想到了古德莱德在《提升教师的教育境界：教学的道德尺度》第 I 部分谈"教学作为专业化职业的属性与责任"时说过的话："从技术层面以及道德方面来讲，教师首要的责任是对教学对象负责任。教师教育首先要培养教师承担这一责任。""每一种教学情况各自拥有其各自的教学内容……优秀的教师不仅需要具备扎实的教学方法，同时还要精通专业知识，这样才能更好地帮助学生理解这些专业知识。"我的理解是，教师的专业发展必须从理解教学开始，这是由教师的职业特质决定的。

课后我同这位老师交流时表示，教学是要用心思考的，至少要根据教材的"单元提示""预习要求"等联系课程标准的有关要求和本班学生的实际情况，清楚而明确地设定具体可行的教学目标，设计学习任务，安排教学活动。具体而言就是要思考本单元以及具体课文的目标任务，以及教学中将采用哪些可行的策略与方法帮助学生完成任务，达成目标。比如，文言文的教学，教师不仅要具体了解学生文言文学习的实际情况，如哪些词语他们过去学过、掌握的程度如何等，更要将心思花在用怎样的方式方法帮助学生达成教学目标上，想清楚为达成目标学生要完成哪些任务，学生在完成这些任务时会遇到怎样的困难，学生学习过程中教师应该为学生做些什么等。现行教材中文言文的注释是相当详细的，教学设计的一个重要方面就是如何通过有效的方式指导学生借助这些注释去读懂具体的句子与段落，当然也不排除有些注释需要在教师的帮助下才能被理解。如果教师没有在这方面花气力，就难免出现对着注释宣科；没有研究学生过去掌握的程度，难免会翻来覆去地对字词进行讲解。

教师研究了课程标准、教材与学生，才可能将精力花在如何通过有效的方式方法促使教师的"教"和学生的"学"紧密地融合起来，以恰当的方式让更多的学生积极地投入到学习过程中来。初中文言文的"教"，教师需要用心考虑的是如何通过指导学生的"读"引导学生积累一定的文言词语，理解它们在具体句子中的意义，而不是简单地让学生死记硬背教材上的注释，否则会出现学生记住了某个词语在这里的意义与用法，换了个句子又不理解了。

上述便是我所理解的理解教学的过程。

当然，我这里说的"理解教学"并不局限于上述"术"的层面，理解教学，重要的是要回到认识论与价值论层面来寻找相对合适一点的教学理念，而不只是一味地在操作层面思考。做教育的人应该明白，教学是一种创造性的劳动，更多的是教师个人的创造。当然，这种创造并不是随心所欲的，要讲究科学与艺术，至少要尊重常识——脑神经科学、教育学、课程论等。具有专业素养的教师，至少要读一读《学习的条件和教学论》《教学设计原理》《有效教学设计》《追求理解的教学设计》《教学七律》，或者《教学模式》《教学样式》《教育与效率崇拜》《有效教学方法》，或者《当代课程问题》《当代课程规划》《教育和心理的测量与评价原理》《"多元交互式"教学评价》，或者《教学中的心理学》《教育与脑神经科学》《教育督导学》，或者《人是如何学习的》《我们如何思维》《教会学生思考》，或者《课堂生活》《家庭、学校与社区》《教师教育研究手册》，或者《什么是教育》《教育的目的》《教育的价值》，或者《教育的情调》《康德论教育》等专著，而不是只听专家和领导的，更不能凭自己的感觉来决策或采取行动。许多情况下，我们就是没有认识到"摸着石头过河"的危险，一味地顾及学业的提升与升学压力的"人之常情"，而不愿意沉下心来审慎、独立、自省地行走乃至处事，更没有意识到实利主义——只重视形而下的操作之术，却不论形而上的价值支撑和哲学观瞻可能给一方教育乃至一代人带来灾难。

有人说:"中国教育最不缺理念,最缺的是实践。"我认为这样的表述可以更完善一点,即:中国教育不缺理念,缺的是科学的、理想的、可以落地的理念,最缺的是在科学的、理想的、可以落地的理念指导下的实践。

所谓科学,就是建立在哲学、伦理学、脑神经科学、心理学、政治学、社会学、经济学等教育科学理论的上位学科理论基础上的;所谓理想,就是结合古今中外的思想家、教育家所倡导的教育理想与时代、与未来接轨的教育追求,而不只是一味地迎合"人之常情"的教育追求;所谓可以落地,虽强调的是操作性,但更强调各种操作背后的理论支撑,也就是说,方式方法要符合教育教学原理。总之,这一切必须是从教育的价值出发,为实现教育的功能服务。

著名教育哲学家费尔南多·萨瓦特尔在其《教育的价值》中是这样诠释教育的价值的:"我所说的'教育的价值'中的'价值',有两层含义:教育是有益的、很重要的和有效的,但却是一种勇者之为,是人类迈出的勇敢的一步。"对这两层含义,我的理解是:一是希望我们认识到教育对人的成长的重要性、必要性和有效性,是有助于"使人成为人"的事业;二是表示当下的教育是一种异常复杂的工作,许多时候我们会遭遇冷嘲热讽,以至打击压抑,需要勇气去坚守教育的方向。从这个角度理解学科价值,就会认识到任何学科教学的教育价值都是指向人的,而不只是指学科知识。康德在谈及教育功能时说:"教育最大的秘密便是使人性完美,这是唯一能做的""改善人性完全在于良好的教育"。换句话说，能使人性慢慢变得完美才是教育的功能所在。"经过教育继续改善人性，提高品格，使人性具有价值，是非常可喜的"，这就是教育的最大功能。

可见，无论怎样的理念、怎样的实践，都不能背离"使人成为人""使人性完美"的价值追求与教育功能。

教育家刘百川早年有言："我们所有的教育教学活动的出发点和落脚点都是内在的活动，就是让其成为生命的活动。学校只担负一个责任，就是让一个普通人成为在精神上健全的人，成为文明社会的正常人。从这个意义上说，学校教育就是应该以人为本的，而且应该以普通人为本的，尤其是基础教育。所以，学校教育中，快乐是一个重要的元素，它应该成为学生——同时更加重要的是成为老师快乐的过程。"而实际情况也如刘先生所言，"今天，恰恰相反，老师不快乐，学生更不快乐"。我们的教学与课堂管理举措，总是希望通过制度、条文来实现我们期待的效益，但是我们在考虑制度、条文的时候，又很少考虑具体内容和具体对象的实际。这恰恰是现在的教师尤其是学校教育管理者走不出去的困境。即便是一些有理想、有追求的教师，当遇到具体的教育问题时，尤其是在自己的孩子的教育上，往往也难免趋同于"人之常情"而抛却美好的理想。这就是我说的"知难行亦难"。正因为如此，我觉得今天的教师的专业发展，首先要在转变观念上下功夫，唯有观念改变了，行为方式才有改变的可能。我于 2013 年开始专职从事教师培训工作，2014 年开始到一些区域和学校做一些入校指导工作，跑过上百所学校，听过上千堂课，总体感觉，教师的专业发展应该从理解教学入手。理解教学的第一步则要从确立科学与艺术合为一体的教学观念开始。比如，几十年来一直倡导的"减负增效"的教育观念，如何落实到具体的教学行为上，在今天是每一位教师不得不面对的问题，这就是典型的"知难行亦难"的问题。如果不解决"知"的问题，"行"就不可能发生。我认为，如果教师的教学要在"减负增效"方面做点探索，就要解决教学没有针对性、效果不理想的问题，而要解决这一问题则要从理解教学入手。没有负担的教学是不存在的，过重的负担也不利于教学，至少不科学，当然也就谈不上艺术了。理解教学，不外乎理解教材、理解学生、理解课堂、理解教学方法与策略在具体场景下的实际操作等。

如果一个教师没有在理解教材、理解学生、理解教学方法与策略的基础上设计与组织教学，教学中不能以激情感染学生，不能以诚实、公正、幽默、善良等特质吸引学生，没有尊重不同学生的天资与认知差异调整教学方法，没有基于未来社会发展趋势对人才的要求不断创新教学，怎么可能让学生爱上你的教学？正是出于这样的思考，试图在理论与实践的结合中与各位老师朋友分享一些个人的认识与实践，供各位同行批判与参考，更希望得到各位同行的批评。

感谢大夏书系团队的信任和认真审阅与编校，感谢这个册子中提到的每一本书的作者及谈到的教学案例的执教老师。同时也要感谢一直以来给予我默默无声的支持的家人。

凌宗伟

2023 年 10 月 6 日于嗜书斋

教学是简单的，
更是复杂的

为什么说教学是简单的，更是复杂的？比如，"你今天要学的就是运用三步投球的动作把球投到篮筐里"，这个目标看起来并不复杂，但具体实施起来却并不简单。因为对不同的学生而言，会有不同的可能：能够准确地将球投进篮筐；三步投球动作比较规范；三步投球动作很规范，球也能准确地投进了篮筐；动作不得要领，球也没办法投进去……这当中有一个目标分解与任务配套的问题。针对不同状况的学生，教师的帮助和指导肯定是不一样的。

日本专家佐佐木圭一说："如今这个时代，个人发布的信息拥有了前所未有的力量。对于这种变化，感受最深的就是我们自己吧。以前我们只是信息的接受者，现在突然变成了发布者。""信息像洪水一般泛滥，则是因为网络普及而导致信息量急速增长，远远超过了人们能处理的程度。人们对于自己周围的各种信息目不暇接，所以只能关注熟人朋友或者具体某个人说的话，其余信息则一律屏蔽掉。"在这种情境下，只听自己想听的声音，听不得不同的声音就再自然不过了。我的想法是，一个致力于专业发展的教师，应会在各种声音中做一些辨析与思考，对教学的理解必须有自己的专业坚守。

1

从课程与教学的视角
理解"减负增效"

教师都明白"提升课堂教学质量"是一个永恒的主题。无论从什么价值观出发，教学一定是学校的生命线。教学取决于过程，通过过程，教学目标、教学内容才可转化为被学生具体掌握的知识和技能。关注教学应该更多地关注教学过程，当然前提是课程目标与课程内容的确定与选择。课程目标与课程内容确定后，如何有效实施就是一个过程的问题，因为这个过程决定了学生接受信息，获得知识，形成价值观及技能的实际状况或水平位置。因此，教师教学，不仅仅是为学生提供目标和内容，更应考虑这些课程内容和课程目标如何达成。教师作为专业工作者，必须思考：如何更好地组织学生的学习；如何确保课程内容的选择和有效实施；在具体的教学过程中，如何更好地关注学生个体之间的差异；如何通过有效的教学诊断帮助更多的教师改善教学；如何在课程标准的要求与学生实际水平之间找到平衡；如何在形形色色的热闹的、看似高大上的各种改革的声音或经验的推广下守住底线，不跟风。

教学包括备课、上课、辅导、布置作业、批改作业、组织相关活动等，这些受过师范教育的人应该知道如何做，从事了多年教学的资深教师更应该知道如何做。但现实情况是，教师们存在"应知"与"已知"的冲突，更存在"个人认知"与教学伦理之间的冲突，否则就不会有要不要写教案与教案怎么写、写在哪里的争论了。从教学的专业性立场出发，无论是学校管理者还是教师，如果从"教"的视角来审视课堂教学，都会认识到教师一定是，也必须是课堂生活的灵魂，要使课堂生活有灵气的前提是教师教学能力的显著提高。因此，"双减"背景下的学校教学管理必须进一步强化教师教学的基本规范与基本要求的校本培训，包括基本的课程论、教学论知识，课堂教学技能与教学伦理知识。

约翰·I·古德莱得在《一个称作学校的地方》中有这样的观点：教学改善在于改善教师的教学方法，有充分的证据表明，"当教师使用适当的教学方法时，学生对此的反应是积极的"。但"从整体上看，各学校的教师显然不懂得如何使用多种多样的教学方法，他们不想做，或者做起来有某种困难"，"全面调整学校和课堂时间的利用率，这对校长、教师和学生来说是一种令人愉快的合作性挑战"。我认为古德莱得的观点适用于当下基础教育学校的教学实际。作为学校管理者，要在今天的"双减"背景下帮助师生"提升课堂教学质量"，改善课堂生活质量；作为教师，要采取积极的行动来评估自己的课堂，否则教师会认为"减负增效"未能见效是因为其他方面的问题，如绩效考核不公、职务晋升不畅、学校繁冗的教学管理，而非自身原因。以备课为例，从教学常识的角度看，要不要备课是不存在疑义的。但一所学校的备课要求是什么，是可以协商的，比如，是写纸质教案还是电子教案，是写在教本上还是写在备课本子上，是写详案还是写简案，需要"协商"，而不单单是"制定"与"设计"，更不能只是"要求"或"布置"，这大概就属于"现代性"了。至于教案有没有用，也是可以讨论的，首先要界定一下何为"教案"，然后再讨论什么样的教案是有用的，什么样的教案是无用的。如果要"写"教案，就要思考怎么"写"，然后才是"创新"。我主张要备课、写教案，我也主张新手教师要写详案；必要的时候，从管理的规范性来看，也需要有检查，至于怎么查，则需要协商，也要根据具体情况灵活处理，这背后受契约与人文等多方面因素影响。我说这些并不是说学校在这些方面没有问题。这里强调的是学校管理出了问题并不代表着教师自身没有问题。无论是学校管理者还是教师自己，我们更多的是要审视自己有没有问题，如此，改善才有可能。

"当教师使用适当的教学方法时，学生对此的反应是积极的"。于是，"我们就有了一个相对具体并可行的计划来改进学校教育的一个主要因素——教学方法"。无论是学校还是教师，要提升师生的课堂生活质量，出路就在静下心来研习教学方法。我们要明白，"有一些教学的技巧是可以教会和学会的，例如使用各种不同的教学方法，运用诊断性测验，为学生提供他们学习的表现信息，以及表扬优良的功课"。"只要了解这一点需要发扬光大的教师品质，并获取一些资源将自己的教学摄下来以进行反思，教师便可以在很大程度上自我改进。"

这就要求教师研习时，一方面要静下心来学点理论，另一方面要有勇气反思和诊断。反思的方法之一就是将自己的课堂教学情况摄录下来，通过观看自己的教学过程，改掉自己身上的恶习，从自己身上寻找宝藏，挖掘潜力，而不只是鹦鹉学舌，模仿别人。上述两方面相结合，我们期待的成效也就有可能出现。可是，一些学校或教师因为"某种困难"和"不想做"的缘故，或者是急功近利的社会风气，总希望能从其他学校和其他教师那里直接拿来一种可以复制或操作的模式与方法，而不是用真心学习的态度和反思的勇气去研习。这样的学校和教师个人会渐渐失去个性，磨去棱角。

"课堂生活的质量"与"课堂教学的质量"虽是一词之差，其内涵却相去甚远。"课堂生活"绝不仅仅只是教学的生活，它还包含了课堂上的人际交往、课堂与现实生活等更为丰富的内容。也就是说，课堂除了教授与受授知识，还有更为丰富的内容。所以，"要提高课堂生活的质量，最好以每个学校为基础，在教师互助之下来进行"，即要提升课堂生活质量，仅凭一己之力是有困难的，需要合作，需要平台，需要机会，这当中尤以教师之间的合作为最。因此，提升课堂生活质量的关键在教师，只有教师的积极性上来了，改善才有可能。

如果教师不熟悉课标，不熟悉教材，如何可以教学？如果不认真研究课标和教材，如何发现其中存在的问题？如何在教学中把一些具体的问题慢慢化解掉？教学是个性化的创造劳动。就教师个体而言，要"提升课堂教学质量"，改善课堂生活质量，不仅要认真研究课程标准及教材提出的教学要求，更要研究所教的学生对即将学习的内容的知识与技能的储备与实际情形，在课标、教材的要求及学生的实际情形之间权衡教学目标与要求，进而设计相关的教学活动，使每个学生在具体的学习任务中达成学习目标。教学目标（用加涅的话来说，就是学生的学习目标）不单单关乎教学的效果，更关乎教育的目标，马虎不得。目标定位不准，不仅会影响教学效果，更会影响学生的价值观与思维方式、行为方式。教学目标只有在贴近学生的实际水平和内在需求时才可能发挥作用，过高的要求会让学生望而却步，过低的要求则会导致他们不屑一顾。雅斯贝斯说过，教育要指向"具有冲动和理想，同时也需要教诲的人"，教育，只对有需要的人发挥可能的作用，这就是常识。

教学如果不关注学生的实际需求与可能，就不可能发生，也就谈不上有质量。现在的问题恰恰就出在教学目标与要求定位不准确上。关于这一点，还涉及课堂上例题的选择、训练的安排，以及课后的作业与检测等要考虑学生的实际水平。每一个教师个体在教学准备过程中，要从教学要求与教学内容出发，通过恰当的教学活动将学生的注意力与兴趣吸引到当下的学习活动上来，使他们在一个又一个的学习活动中享受学习的乐趣，获取相应的知识，形成相关的技能。至于在具体的教学环境下采用什么样的教学策略与教学方法，则需要教师根据具体的内容与教学情境采取专业决策，不可一概而论。具体的课堂教学要在坚持"应教尽教"的基础上，防止出现超越学生认知水平的提前教学和通过增加作业量提升学生的学业成绩。

我这些年来基本的教学主张是："目标导向、任务驱动、尊重差异、当堂进阶"。教学效果看学生的达标情况，达标情况依赖于具体的教学活动，更有赖于目标是否贴近学生的实际水平。学生与学生的知识基础与学习行为是不一样的，所以，教学目标与学习任务就要尽可能从不同学生的学习需求出发，如此，才能看到更多学生学习上的进步。尊重差异可以体现在课堂教学的每个环节。事实上，每一个具备教学基本常识的教师在课堂教学过程中或多或少都会尊重差异。比如，对不同学生有不同要求，给不同的学生搭建不同的学习支架；个别学生读音不准，书写或者口头表达不流利、不准确时，会及时指出，及时采取针对性训练等。至于这些行为何时发生，是相机而为的，而非刻意的，更不可能是完全在事先的预设中的。如果教师在教学过程中能始终思考"学生们完成任务后做什么""学生们陷入困境时怎么办"之类的问题，后续为达成目标的任务或者活动的跟进就可能是尊重差异，那么学生的进步也就可以"看"到了。这背后折射的是每一个教师的教学智慧，其很难用具体的标准去衡量。

任何一个教师要搞好教学，首先要关注教学目标的设定，思考如何围绕教学目标的达成开展教学活动，采取有效的反馈评估手段评估教学效果，也就是达标情况。这个环节做到位了，改善才有可能，这个环节尚未到位就想教学改革，只会徒劳无用。

教学的立足点无非两个：一是以教师为中心，二是以学生为中心。但教师教得如何，在一定程度上决定了学生学得如何，或者说，没有教师的教，就没有学生的学。如此说来，是以教师为中心，还是以学生为中心，并不是绝对的，好的教学一定是兼顾教与学两个方面的。只管自己的"教"，不关注学生的"学"，则教师花的气力越多，学生受到的"伤害"就越大，课堂上大多数学生的游离状态就是这种"伤害"的表征。只强调学生的"学"而忽视教师在学生学的过程中及时而恰到好处的引导与帮助的"教"，至少是不负责任的。教学固然不能不用力，但更不能用蛮力……

教学说得简单点，就是给学生及时提供帮助，其复杂性则在于如何给学生提供帮助以及提供怎样的帮助。罗宾·R·杰克逊认为："知识偏差每天都在课堂中上演。我们勤勤恳恳地敲出勾股定理、宪法的基本原理等乐章，但也许学生听到的可能只是黑板上发出的一些间断的敲击声。更为糟糕的是我们一旦知道学生听不懂我们的敲击声，就更加卖力地敲击。吃晚饭的时候敲，上学的时候敲，放学的时候也敲。我们只知道不停地敲，却不知道走到学生跟前，对着他们的耳朵哼唱这首歌。当你理解到你和学生之间存在着知识偏差的时候，你就能更好地理解学生，更积极主动地支持和帮助他们。"（罗宾·R·杰克逊，《教学可以很简单：高效能教师轻松教学7法》）也就是说，理解学生才能尊重学生，才能给不同的学生提供合适的帮助，而不是以所谓的为学生好而硬生生地将知识"塞"给学生。所谓教学生学，就是要为学生提供适合他们的学习模式，就是要提醒学生学习的过程中可能遇到的困难在哪里，容易犯的错误有哪些，如何应对，如何避免。对多数学生而言，其主要问题是对概念的不理解，而这种不理解有可能是教师没教明白。教学之难难在教师自己有没有想清楚，有没有讲明白。

所谓备课，说白了就是想清楚与如何说明白两大问题。教师不妨扪心自问，在这两个问题上，自己真的花了气力吗?!多数情况下，就如罗宾·R·杰克逊所言："通过猜测有时可以得出正确的答案，或者说他们利用错误的方法也许也能得出正确的答案。这可能在某次考试中会对他们有所帮助，但换一种情况，他们就不会那么幸运了。"这就是人们常说的"混日子"。

2

学习无非
就是重复

　　有人说，"重复是最低效率的学习方式"，认可这个观点的人占有一定比例，但是许多研究表明，学习无非就是重复。日本补习班教师坪田信贵说："头脑的好坏，并非靠才能的高低，而是靠'是否有积累'。不断地重复——不是'不情愿地'，而是自觉地不断重复——就能学到知识和技术。""不管是语言、计算能力还是身体技能，人们通过不断重复习得要领，通过'积累'储备优秀的能力。越早进行这些重复工作的人，就成了我们常说的'聪明的孩子'。"为了说明这个问题，他用一个很通俗、让人易理解的例子来说明："刚出生的时候，大家都用过尿布，拿掉尿布以后到十岁之前，或者甚至在那之后，大家应该还会无数次地尿床吧。经过无数次的失败，体会'我能忍耐到什么程度'，最后终于练就了不尿床的技能。"（坪田信贵，《所谓学习好，就是方法好》）

　　《异类》的作者马尔科姆·格拉德威尔说："人们眼中的天才之所以卓越非凡，并非天资超人一等，而是付出了持续不断的努力。只要经过一万小时的锤炼，任何人都能从平凡变成超凡。"虽然一万小时说得有点夸张，但其强调的是重复是学习的必然，同样，《刻意练习》的作者也只是对一万小时作了质疑。认知心理学家斯科特·考夫曼在《绝非天赋：智商、刻意练习与创造力的真相》一书中谈"刻意练习"时介绍了埃里克森的一个实验：史蒂夫·法隆"一口气记住30个数字的绝妙方法"就是他善于"精细编码"。"例如，他看到数字组'3492'，脑海中就会想：'这个接近一英里①跑的世界纪录——3分49.2秒。'在训练初期，他只能识别出几个时间，因此他的学习策略是精细编码和机械复述的结合。"这里的"机械复述"，就是"重复"。

《康德论教育》的基本观点是，教育在某种程度上就是一种训练。人生下来便具有动物性，这种动物性在某种程度上就是作为动物的兽性——争强好胜，贪婪自私，不讲道理……慢慢长大的小孩即便没人教他，他觉得好玩、好吃的是一定要占有的，很少有孩子在没有经过训练的时候愿意把他认为好吃的和好玩的给别人。没有知识的积累，就不可能有能力的提升。知识的巩固就是需要不断地重复；能力的提升必然是在不断训练中实现的。这就是基本的教学常识。但今天的基础教育往往忽视了这样的常识。

《刻意练习》的作者提醒人们："人的学习受到情境的制约或促进。你要学习的东西将实际应用在什么情境中，那么你就应该在什么样的情境中学习这些东西。""学习科学大量研

----

① 1英里约为1.6千米。

究表明，成人的最佳学习方式并非独自练习，而是在情境中学习。"如何重复才是教师们需要研究的。对此，我的观点是："一二年级不布置作业，三至六年级作业时间不超过 60 分钟，初中作业不超过 90 分钟。小学生校内基本完成书面作业，初中生校内完成大部分作业""严禁给家长布置或变相布置作业，严禁要求家长检查、批改作业"这些要求如果没有形成社会认同，没有家长的积极参与，不仅不可能落到实处，有可能还会遭遇种种形式的抵抗。在社会认同、家长参与的问题上，学校管理者要有充分的思想准备，尽管学校有责任，也有义务采取积极的行动，但要达成社会认同与家长参与不是靠学校一方的努力就可以实现的，学校能做的只是学校内部的事情。

从教学过程视角来理解学习，完整的过程包含知识的接受、理解、掌握与运用。而作业与考试既属于学习任务，也属于推动理解、掌握与运用的手段。简单地将减轻过重的学习负担与取消学生作业等同起来，不过是另一种乱作为。任何一门知识和技术的习得都要通过反复训练（作业）而实现，而考试在某种程度是学生运用所学的知识分析和解决具体的问题，这就是通常所说的迁移。

顾明远老师主持编写的《教育大辞典》把完成学习任务的作业分为课堂作业和课外作业两大类。课堂作业是教师在上课时布置学生当堂进行检测的各种练习，课外作业是学生在课外时间独立进行的学习活动，是检测学生是否学会了课上知识点的一种方法，一般都是家庭作业。关于考试，《教育大辞典》是这样表述的：检查、评定学业成绩和教学效果的一种方法。根据一定的考核目的，让被试者在规定时间内，按指定的方式、要求解答试题，并对其解答结果评等级、记分。具有评定、诊断、反馈、预测和激励的功能。

从教师的专业视角来思考，一方面，教师必须认识到"双减"的意义；另一方面，教师更应该思考的是，如果真的想帮助学生减轻课业负担，提升学习效率，是否要在充分的调查研究基础上，通过规范的实验，根据不同学段学生的心智特点，从作业与考试的内容、形式、长度、频率以及反馈评价方法的科学化及有效性上做一点文章。教师在考虑解决教育问题的时候，既不能把简单的问题复杂化，也不能将复杂的问题简单化。无论是训练（作业），还是考试，不过是学习过程中的必备环节而已。教师不能因为在具体的教学实践中犯了过度依赖训练（作业）与考试的错误，就简单地将其一禁了之。

理解教学的教师一定要明白，"不断地重复——不是'不情愿地'，而是自觉地不断重复——就能学到知识和技术"说的是重复的前提是学习者的自愿与自觉，背后还有重复不是机械地单调这层意思。比如，在小数点加减法的掌握中，如果总是让学生去做 13.55+168.38=（　　）或者 168.38−13.55=（　　），学生一定会厌倦，如果教师能为学生提供一点自主探索小数加减法的笔算方法和解决问题多种策略的适宜空间，比如，购物问题（我有 10 块钱，买了 5 块钱玩具，还剩多少钱？），或者数量问题（班级有 20 个同学，有 5 个同学去卫生间了，教室里还有多少同学？），情况就会不一样。人都具有惰性，所谓的学习自觉，是要通过外部的条件和任务进行推动的，作业和考试便属于此。

3

老师无非就是个搬运工，
怎么搬却不是一件简单的事

　　老师无非就是个搬运工，有的老师将知识直接从 A 点搬
到 B 点，有的老师则是把相关的知识搬到自己特有的框架里，
经过重组再搬出去。

　　《让思维自由》的作者肯·罗宾逊说："文化知识是一种复
杂的网络，每个人都只知道一些凤毛麟角。有些领域，我们
可以宣称自己比较精通，甚至是专家。但还有许多领域，我
们是外行，甚至完全无知。我们对世界的大部分认识都来自
其他人的知识，这些知识有着多种呈现形式：故事、轶事、
理论、信仰体系等。"在教学问题上，任何教师都可以宣称自
己是专家，但这并不意味着自己真的就是专家。在大自然面
前、在学生面前、在同行面前，当我们意识到自己知之甚少
时，才有可能主动去学习，去探寻改善教学的积极路径。一
个人一旦将自己当作专家看待了，也就没有了学习的动力，
教学的改善也就几乎没有了可能。任何一个个体，只有认识
到自己的不足，才有可能成为学习者，做教师的人更应该有
这种自觉的认知，如此，才有可能通过自己的学习引导学生

学会学习，在学生学习的过程中，采取有效的方法帮助他们克服学习中遇到的困难，形成自己的知识架构。换句话说，就是教师要想办法把自己学到的知识搬到自己执教的学科知识的框架里，这大概就是所谓的建构与解构的结合。

教师成长过程中，首先要做的就是如何将知识搬到自己的知识架构里（我这本书里有许多知识就是搬过来的）。有了系统的知识架构，教师才有可能在实际教学中调动相应的知识，针对具体的学生和具体的内容提供有效的帮助。所谓有效的帮助，就是设身处地地理解学生，给学生提供有助于他们理解问题的途径，概念不明白的帮助他们理解概念，思路不清晰的同他们一起捋清思路，找不到知识点的提醒他们翻翻书、回忆回忆相关知识，局限于一条路径的，提醒他们往其他角度与方向看看，或许能达到"无论情况如何变化，他们都仍然能够得出正确的答案"的理想境界。

罗宾·R·杰克逊说："我们应该向学生清楚地说明每一个学习任务、每一个教学活动的作用。这个新的教学活动将会如何帮助他们达到课程的教学目标。""同样重要的是，要向学生说明每一个新的教学活动或者教学任务是如何与他们过去所做的事情相关的，这样他们就能够在他们正在学习的内容和他们已经学习过的内容之间建立联系。""此外，还要向他们说明他们正在学习的这些技能可以如何应用到其他场合。""最后，用书面形式为他们提供所有必需的步骤，这样，学生就能够确切地知道你想要他们用怎样的方式来完成学习任务了，你也可以轻易地实时掌握学生的学习进度。"（罗宾·R·杰克逊,《教学可以很简单:高效能教师轻松教学7法》)我以为,这里的"最后"与费曼学习法的目的是一致的。

《教会学生自主学习》一书中提出的一组问题很值得每一位教师认真思考:"是什么在驱动你的学生?是为了得到你的认可?获得同学的认可吗?自尊心?作业本上的成绩?学校发的奖状?表扬会上的掌声?你要小心,我们问的是什么会驱动他们,而不是什么让他们感觉良好。虽然有细微的差别,但影响可能是巨大的。"从教的视角来讲,教师的教自然是要调动一切可能调动的策略与方法驱动学生自己去学。我提出的"目标导向,任务驱动,尊重差异,当堂进阶",既可以理解为一种教学理念,也可以理解为一种教学策略。其根本目是推动学生参与到学习活动中来,并在学习过程中获得学习进步的乐趣。教师们在自己的课堂上使用这一策略时,要根据实际情况采取相应的行动,这就涉及教师个体的教学认知和个人知识的储备情况了。我想说的是,如何教是每一个教师都要认真思考的基本问题。从观念到行为,虽然是一个漫长的过程,但是,如果教师能够读一点相关的专业论著,这个过程是可以缩短的。换句话说,就是当教师成为主动的学习者后,能自觉地将有关知识"搬"进自己的仓储中,选择性地"搬"给具体的学生时,就不是普通意义上的"搬运"了,这背后其实是教学技能、教学智慧。我在这里要强调的是,没有大量的专业知识储备,就不可能形成教学的专业技能。

联合国教科文组织总干事阿祖莱、国际劳工组织总干事洪博、儿基会执行主任拉塞尔、国际教育协会秘书长爱德华兹在 2023 年世界教师日联合致辞时说："今日，值此'世界教师日'，我们礼赞在转化学习者潜能方面的关键作用，为此要确保教师拥有肩负起对自己、对他人和对地球的责任所需的工具。"我以为这工具就包括搬运，知识的"搬运"，也就是基于已有的知识引领学生如何学习、如何思维、如何创造，这一过程就是帮助学习者转化潜能的过程——知识技能的获取，世界观价值观的塑造以及个人品格的塑造等。

4

成"经师"易，
为"人师"难

　　前面说过，教师只是知识的"搬运工"，但要"搬运"某个学科的知识，必须具备该学科比较完备的、系统的知识。这与"要给别人一碗水，自己必须有一桶水"的道理是一样的。但是如果从知识更新的视角去理解，教师只有一桶固定的水是不够的，因为一碗一碗地舀出去，桶里最终也会没有水。所以，我更认同要给学生一桶水，教师应有长流水的主张。不具备扎实的学科知识，在知识传递的过程中，难免会闹笑话，不及时更新知识，就无法跟上时代的步伐。一个教师除了要具备全面的、系统而扎实的学科知识，还得具备相应的人际交往知识（如基本的礼仪知识），与教学有关的教育教学、心理学以及教学伦理等方面的知识。如此，教师才能根据具体的教学对象采取相应的方法，呈现相关的知识。

　　我所认为的匠师就是熟练掌握相应的教学方法、流程、策略等后形成了一定的教学技能的教师。没有一定的知识是不可能形成技能的，学生如此，教师亦如此，企业内部的讲师也应该如此。教师在传授某门课程知识时，如果对这门课程没有充分的理解，想要提升教学技能，基本上是不可能的。所以，我建议，如果教师要跟学生谈审美，至少要读几本美学方面的书；要理解教学，多多少少得读几本课程论、教学论方面的书。在了解了一些基本的教学方法、教学策略，乃至一些基本的教学流程与教学模式后，至少可以明白人与人不一样、教学内容与教学条件不一样，决定了方法、策略、流程、模式不一样；可以明白借鉴别人的方法、策略、流程、模式是可以的，但不可能复制，不可以将知识直接从 A 点搬到 B 点；可以明白许多成功的经验是不可以直接推广的，否则就不是教育，而是机械生产了。

任何一种教学方法，一旦推广开来就是灾难。我这直觉的背后是，即便是同一位老师，也会明白："用千篇一律的方法进行教学，从来都不是最有效的。请拒绝那些企图克隆其他教师和课堂的行为，相反，你应该享受自己的个性和独特，这些才真正能够指引你成为你所能成为的最高效的教师。"（戴夫·伯格斯，《教学需要打破常规：全世界最受欢迎的创意教学法》）教学方法一定是因具体的情境、具体的内容、具体的学习对象，而采取的一种相应的对策。我这里说的教学方法是广义上的，包括流程、模式。杜威说："教师应当被允许去了解甚至批评整个教育体系形成及管理的基本原则。教师并不是军队里的士兵，只能选择服从；也不是轮盘上的锯齿，唯有应付和传递外界能量；教师必须是一个智慧的行为媒介。"（达娜·戈德斯坦，《好老师，坏老师：美国的公共教育改革》）所谓智慧的行为媒介，简单来理解，就是相机而教，因材施教。

如果我们的理想是成为一名"人师"，那么，最重要的是先努力使自己成为"经师""匠师"。未成"经师""匠师"，何为"人师"？所谓经师，就是有专业精神、专业资本与专业能力的教师。"学富五车""满腹经纶"大概就是对"经师"的要求，"运斤成风"大概是"匠师"应有的状态。试想，一个教师没有专业精神、专业资本与专业能力，何以为师？

5

因人而异，因材施教，
方为"人师"

　　教学有法，但无定法，这个道理似乎做教师的人都明白。但实际上，人们总希望能有一个手到擒来的高招，然而，凡可以直接拿来的，不过是形式或者是皮毛，比如，现在普遍使用的小组讨论，有多少不是形式上的与皮毛上的讨论？不仅浪费了师生的时间，更慢慢消磨了学生参与学习的热情，还给相当一部分学生提供了逃离课堂的机会。早些年，我与同仁们探讨过小组讨论的分组以及怎样的问题必须讨论，但并没有深入去探讨，也没有真正明白这些基本问题，最终的结论不过是在策略上必须坚持综合分组与动态分组，在内容上必须是学生不能独立学明白的问题可以讨论，有挑战性的任务可以合作，但如何操作，还是要根据具体的情形灵活处理。当然，我也在一些公开课上看到一些成功的小组讨论，但当我走近学生，透过一些细节才发现那是事先排练过或者安排过的，正所谓"可远观而不可亵玩"也。

　　史蒂芬·D·布鲁克菲尔德和史蒂芬·普莱斯基尔的《如何讨论：以最短时间达成最佳结果的 50 个讨论方法》中说：

"小组讨论没有万能药。如果有人说他有这个方法，那么你就敢肯定，他一定不是专业人士，他属于那种敢承诺任何事情的人。"我们所谓的研究探讨，不过是在"摸着石头过河"的思维下的研究与探讨而已，根本无视人家早就造好的桥、打通的隧道，偏偏要去摸着石头过河！怎么从桥上或隧道里过去是每个人自己的事。这也是每每有人问我"你说的就一定行吗"时，我总会毫不犹豫地告诉他，"不一定，这只是我个人的想法与做法，在我这里曾经行过，也有过不行，到你那里也许行，也许不行"。我一贯的主张是，所谓研究，最好是从研究文献开始，看看自己想解决的问题别人有没有研究过，研究到了什么地步，如此，才可以避免重复走别人的路，也可以避免呛水或被淹死。至于别人的方法是否可行，需要实践才能知晓。当方法行不通时，不一定是方法的问题，这大概就是教学之难吧。

《认知天性：让学习轻而易举的心理学规律》中说："即便是最努力的学生也会陷入两个误区：一是不知道自己学习中的薄弱之处，不知道要在哪里花更多精力才能提高自己的知识水平；二是爱使用那些会让自己错误地认为掌握了知识的学习方法。"如此，我们可以认为，即便是最优秀的教师也会陷入两个误区：一是不知道自己所教的学生的薄弱之处，不知道要在哪里花更多精力才能提高他们的知识水平；二是爱使用那些会让自己错误地认为能帮助学生掌握知识的学习方法……

期望有一个不费力气就能提升教学效益的教学模式不过

是一种梦想而已。如果一个教师不将心思花在研究教材、研究学情、研究如何将教材内容转化为学生可以接受与理解的表达的话，再好的教学策略与方法也只是策略与方法，因为策略与方法的运用是建立在教师对教材与学生的理解的基础上的。所谓尊重差异，就是要根据不同的学生、不同的学习场景，采取不同的策略与方法。因为，同样的策略与方法，对这个人有效，对另一个人可能就是灾难。

伊莱恩·阿伦在《天生敏感》中说：敏感性特质的人有许多优势，他们的大脑运转方式与众不同。整体来看，与非高度敏感者相比，大多数高度敏感者具有以下特质：

- 更擅长发现错误、避免犯错。

- 非常认真负责。

- 能够专心致志（但必须在没有干扰时，才能发挥出最佳状态）。

- 尤其擅长需要警惕性、精确性、高速度、区分细微差异的工作。

- 能够通过心理学中所谓的"语义记忆"，更深入地处理材料。

- 经常会思考我们内心的想法。

- 能够不知不觉地学习。

- 深受其他人状态和情绪的影响。

但是同具备其他特质的人一样，高度敏感者的这些优势往往隐藏了一些明显的弱点：在他们完成一项工作时如果有旁观者、有时间限制，或者要接受他人评估时，往往无法发挥自己的能力。但成功型特质的人则不然，他们更多地希望得到提醒、告知与直接的支持。

为什么要因材施教？为什么要尊重学生的个体差异？我们是不是可以从电视剧《贺先生的恋恋不忘》中女主秦医生跟两位男主贺先生的相处中学到些什么？

《认知天性：让学习轻而易举的心理学规律》中说："坊间流传的学习方法一般都是错误的。有关如何学习与记忆的实证研究显示，被大众奉为圭臬的学习方法多是无用功。即便对于那些把学习当成工作的人来说，例如大学生和医学生，他们所使用的学习技巧也远称不上是理想的。"我们暂且不论这个判断是否武断，至少这段文字提醒教师，在介绍所谓的方法与规律的时候，应该告诉学生，这些"方法"与"规律"是"死"的，但人是"活"的，每个人遇到的问题也是"活"的，所谓方法与规律，只有在"活人"手里应对"活"的问题时才能发挥作用。如此，教师才有可能慢慢成为"人师"。

6

跳出各种理论
制造的认知混乱

自媒体生态（当然没有自媒体还有其他途径），催生了不少网红名师，他们总是在那里给从事实际教学的老师们指点江山，这些指点常常让老师们左右不是，或者剑走偏锋。如果我们要成为一名专业的教师，就要认真审视一些貌似正确的理论，防止这些理论导致的认知混乱。（必须说明的是专家们混淆视听的言论远不止下面提到的这些）

┃ 以学生为中心，把课堂还给学生 ┃

教学，教学，没有教，就没有学，班级授课制的课堂教学，一定是以"教"为中心的。无论是让学生"自学"，还是教师示范，不外乎是告诉或者要求，此外还有督促、检查、指导、纠偏，乃至反馈、评价等，这些无一不是在教师的指令下进行的。"以学生为中心"强调的是教师心中必须有学生而已，"以字句"与"使动句"是一样的意思，当我们说"以学生为中心"的时候，说白了不还是自己是主动者？

我们让学生"自学"的第一步不就是要告诉学生学什么吗？这"告诉"不就是要让学生明白学的内容？如果再具体一点明确提示在"自学"中要注意或者关注些什么不就是在指导学吗？学生"自学"的过程中教师的督促、提示、示范、答疑、反馈、评价等不是"教"吗？即便是观察和倾听难道不是为了更好地教吗？即便是和学生一起的练习你能说不是"教"吗？

教学关系就如自行车，教是主动轮，学是从动轮，教师还要扶龙头，捏刹车，按车铃……"上坡""逆风"时教师就要多用点劲，多费点力，"顺风""下坡"教师更要控制好力度与方向，感兴趣的可以去翻翻《21世纪技能》。最荒唐不过那个"将课堂还给学生"，希尔伯特·迈尔在《备课指南》中说课堂包含目标、内容、空间、时间、社会、行为等六个方面的结构要素，"将课堂还给学生"之说就不知道何为"社会结构"，社会结构的内容是指社会的主体——动物及其生存活动——社会活动和社会关系的存在方式。教学关系主要是人与人的关系，教师无疑在这种关系中具有不可替代的作用，甚至是教学关系的主导方。从内容结构看学生需要什么就教什么也要看具体情况吧？如果他们要在课堂上睡觉或者打架，教师应该教他们怎么在课堂上睡觉、打架吗？课堂上要满足学生的需求应在课程框架之内，至于课程之外的个别化需求，则应该在课堂之外许可的情况下进行，否则，就不需要落实课程目标了，所谓最大程度地满足学生的需求，是指在课程教学板块的学习中，学生需要什么（缺什么）就给什么，而非一般意义的学生需要什么就教什么，这应该属于基本的教学常识……知道了这样的常识，我们就应该对"以学生为中心""把课堂还给学生"这样貌似正确的主张保持应有的审视态度。

杜威在《民主与教育》中就曾说过师生"双方对教、学关系的意识越少越好"，教学是师生一起参与的共享活动，师生双方在这共享活动中都是学习者，他们的角色会因特定的情境发生变化。

集体备课就一定有效吗

对于如何提升集体备课与学生小组学习的效益，可以读读乔纳·伯杰的这段文字："人们都在说集体的智慧，但只有当每个人都贡献出自己的信息时，集体才是明智的。将这些信息拼在一起后，集体决策才会比任何个人决策都好。但如果每个人都选择从众或者每个人都不分享自己所掌握的信息的话，集体也就失去了存在的价值。"（乔纳·伯杰，《传染：塑造消费、心智、决策的隐秘力量》）在我看来，集体备课主要不是研究教案的，更不是研制所谓的"活动导学单"之类的。集体备课的主要工作应该是研究教学问题的，即教学中可能存在的普遍问题或相当突出的个别问题以及这些问题如何解决。这需要每个参与者都能贡献自己的智慧。

例如，高中学科集体备课活动，教师要关注高考改革的动向，关注高考试题，关注新高中课标与新教材。假如一个教师不熟悉课标，不熟悉教材，如何可以教学？更重要的是，教师如果不熟悉学生的具体学习状态，如何指导学生学习？如果教师不认真研究高考试题，不认真研究课标和教材，如何发现这当中存在的问题，并在教学中把这些具体的问题慢慢地化解掉？

中国高考评价体系及其实施方案明确指出，高考的功能之一就是"引导教学"。这不就是高考怎么考，学校就要怎么教的意思吗？对此，我的理解是，普通高中教育的性质决定了高中教学必须高度关注升学率，但从教学伦理的角度看，有个如何追求升学率的问题，这便是学科组要研究的重点所在。

学科组活动的宗旨是：如何帮助学生更好地学习，如何推动学科组全体人员把课上得更好，如何在同仁的启发和帮助下弄明白自己不明白的教学问题，比如任务群教学、大单元教学等。

要进入"每个人都贡献出自己的信息"的境况并不是一件容易的事，不解决偶像崇拜、从众心理是不可能实现的。也就是说，我们需要鼓励每个个体充分发挥自己才智的学校文化，但这样的文化氛围的形成单靠管理者是不可能的，需要每一个教师贡献自己的智慧。

❙ 网络学习平台一定会带来利好吗 ❙

我们对网络学习平台面向中小学生全面开放的利好消息

十分看好。加利福尼亚州完成的一项研究显示，使用互动平板的学生在标准化测试中的分数要比使用印刷教材的学生高出一大截。但我还是要泼个冷水：就目前的情况来看，对中小学生的网络学习还是别抱太大的希望。网络方面，并未完全覆盖；设备方面，不是所有的家庭都具备；认知方面，存在不到位的问题；需求方面，内驱力未解决……美国教育创新先锋泰德·丁特史密斯在《未来的学校》中说："几年前，美国大学界曾掀起一场慕课风潮，而结果却不尽如人意。观看讲座视频，每隔几分钟暂停一下，进行几道选择题小测试——这样的学习方法根本没办法带来什么革命性的变化。"我们不妨回忆一下疫情期间在线教育的状况，避开一些极端事件的个案，有多少在线教学是有效的？

▎ 教知识，还是教能力 ▎

多年来我们总是强调学生的能力提升，这几年则大谈素养培育。貌似都有道理，如此则不知不觉中忽视了知识与能力、素养之间的关系。柏拉图、维特根斯坦等哲学家们认为，知识是一种能力，一种理解世界的基本能力。怀特海的观点是，知识是就某个可能问题给出正确答案的能力。

试想，一个老师如果不具备相应的学科知识以及教育教学的基本知识，教学的基本素养与基本技能何以形成？素养和能力一定是建立在相应的知识基础上的。知识不仅可以帮助我们认识世界，理解世界，更重要的是丰富的知识可以引发我们的思考，提升思维能力，进而增进鉴别能力。有了丰富的知识，人才能拥有逻辑思维能力，才能形成辨别善恶的能力，才能使人生更充实，更有意义。

没有知识何来能力？这样的观点不仅是我 40 多年教学生涯的经验所得，也是我这些年的教学观察使然，当然更是大量的教育阅读使然。从教学的立场来看，促进学生的有效学习，帮助他们尽可能在自己所教的学科中达标，就是我们最基本的责任。学生的能力只有在具备了相应的学科知识基础上才能形成，或者说人的任何一种能力都是在一定的知识积累的基础上形成的。一个教师没有相应的教育教学知识，不具备相应学科的扎实的知识以及与之相关的知识，却大扯什么生命成长，除了意淫，除了为自己的不尽职遮羞，还能有什么？在我看来，所谓有效教学，说的就是做教师的必须为促进学生的学习尽职。尽职的前提是对教学的认知与理解。

如何才能帮助学生记住必备的知识？我觉得可以翻翻玛丽莉·斯普伦格的《老师怎么教学生才能记得住》，这本书从了解学生、反思知识、重编信息、巩固反馈、运用知识、复习知识、提取记忆等七个方面向读者介绍了一些脑神经科学的知识以及这些知识在教学实践中具体运用的案例。作者所讲述的七个步骤都有助于教师向学生讲授元认知技巧。在这本书中，作者反复强调的是积累与思考的重要性，作者认为："通过对自己所知的、所不知的以及如何才能更好地学习未知等这些方面进行反思练习，学生就可以做到将知识加工到合宜的阶段或步骤。当学生在每个记忆步骤都进行反思时，他们就开始思考自己在每个步骤该怎样做。当学生们思考自己怎样可以更好地学习，并通过各个记忆步骤使所学知识成为长时记忆时，他们在使用的就是元认知技能。"诚如作者所言，"本书的目标是要帮助学生对知识形成牢固的长时记忆，并实现记忆的转化"。

　　从教师视角出发，玛丽莉·斯普伦格认为："所有的教育工作者都应该对教学方法的科学研究保持关注，同时，也应该关注大脑学习和记忆的最新的认知科学研究。"（玛丽莉·斯普伦格，《老师怎么教学生才能记得住》）我们反对这个，反对那个，许多时候不过是因为不理解或者不具备相关的知识而已。我们反对死记硬背，反对机械重复没有错，错的是因为这些反对而不重视甚至放弃要求与督促学生去记住必须记住的知识。威利斯提出："当教师运用基于神经科学认知的教学法时，学生在课堂上的表现会令人振奋。这样做相当于是将熄灭了多年的学习的热情重新点燃了。""教育工作者应对最新研究及相关刊物保持关注，这些知识可以提高教师的教学水平，进而帮助学生记忆知识和理解知识。对最新研究的了解可以使一名教师成为专家。具备了相关的背景知识后，教师就能够选用适当的教学手段，吸引学生对学习的专注，并加深他们对知识的理解。"（同上）我们不想成为什么专家，但我们总得尽职。我也清楚当我强调有效与达标的时候是会遭到一些老师的痛击的，但我还是要说一个尽职的教师必须在有效教学方面有些思考与改善，在帮助学生达标方面有些努力。

7

警惕影响专业发展的
偶像崇拜

专家的言论为什么会影响我们的教学认知？剑桥大学塞恩斯伯里实验室主任奥特林·雷瑟爵士说："当今社会几乎已经形成了一股风气，提倡影响重于实质，华而不实的科研成果重于枯燥的验证工作。而实际上，大多数科研的本质恰恰是不厌其烦地验证。"（迈克尔·布拉斯兰德，《暗知识：你的认知正在阻碍你》）影响重于实质，这背后主要因为某种诱惑，当然，也因为我们这些中小学教师的偶像崇拜。偶像崇拜使得我们不假思索，完全丧失了批判性思考。而诱惑的无所不在，更使得专家以及急于成为专家的人变本加厉。迈克尔·布拉斯兰德说："只要有相同的诱惑，无论在哪里，人们的行为都是一样的。而类似的诱惑无处不在。"（同上）所以，一味地指责专家也是不公正的，偶像崇拜的背后何尝不是拥众因为某种诱惑的力量使然？

一个想在专业成长道路上不至于迷失自我的教师，必须提醒自己，任何时候听讲与阅读都要保持一点怀疑的态度。我在与学生讨论《怀疑与学问》的时候就提醒他们用怀疑的态度看看课文的表述有没有什么值得怀疑的地方，对任何文本和言说都不能因为出自名家之手（口），或者入选教材，或者刊发于报刊就轻信它们，要提醒自己它们要的就是我们的轻信。如果我们要从教师的专业性视角来审视教育专家的言辞或行为的话，一个关键视角就是其言行具不具备相应的专业知识，然后再审视其专业技能。

一个具备专业精神的老师必须养成观察、怀疑、探寻的习惯。如此，才有可能不被市面上形形色色的专家学者所迷惑。我当校长时给学校老师们请过不少声名鹊起的专家学者讲课，这当中常常会见缝插针安排部分有想法的老师与其面对面，我同这些老师说，对专家学者不仅要听其言，更要观其行，不仅要看其字，更要寻其源。只有面对面，尤其是在日后的交往中、知识更新中，才能慢慢发现专家学者是否名副其实，表里如一。如果是名校长，看看他办的学校；如果是名师，看看他上的课。时间已经证明我当初所想所行是有一定道理的。

当我们联系自己的教育生活去审视任何一位专家学者的言辞时，才有可能发现孰是孰非，才有可能取其可取。探寻源头的好办法莫非读书，读与专家学者们最为经典、最具代表性、最有影响力的观点或句子相关的经典主张，或许就可以发现他们所说的教育规律、教学规律，是不是原创的，于是可能更为敬畏，也可能会出现不屑。学问，学问，有学有问才是正道。千万别以为见识了几个专家学者，读了几本书，加之能言会写，自己也是专家学者了。君不见许多专家学者的观点是经不起推敲的，譬如"没有高考的人生是不完整的人生"。果如此，让那些没有参加过高考的老老少少有何颜面活在世上？事实上这世上有许多顶尖人物就没有上过大学，更没有参加过高考。如果有高考的人生才是完整的人生，是不是人生就一定要经历高考呢？那考不取怎么办，考取了没毕业怎么办，毕业了找不到合适的工作又怎么办？

如果不想被专家们所裹挟，不妨读读《乌合之众》《别轻易相信专家》之类的著作。

8

解决线上教学
带来的困扰

泰勒·考恩在《再见，平庸时代》中说："电脑的能力正日益取代劳工的智慧，这股浪潮可能一举把你往前推升，也可能狠狠把你甩在后头。"是的，随着在线资源的丰富、在线教育平台的普及以及 ChatGPT 的迭代更新，今天的孩子拒绝在线学习显然是跟不上这个时代的。毕竟在线学习有可能让学生通过网络接受某个学科最优秀老师的教学，也可以通过网络"周游世界"与世界顶尖的高手交流。如果有强烈的求知欲望，又有坚定的意志，而且得法，是完全可以超越线下学习的。但需要明白的是这只是一个维度。这种趋势的一个维度是互联网可以实现全球的学生的跨文化交流。

随着 AI 技术的发展，虚拟仿真式的教学或许会普及起来，但仿真并不意味着"真"。一个值得重视的问题是，即便没有出现 AI 技术，早就有不少老师不再做演示实验，更不再让学生到实验室去亲自动手实验，而是通过视频，甚至就通过图片"做实验"。虚拟仿真就是通过一个虚拟的系统模仿另一个真实系统，实体在虚拟环境中相互作用，或与虚拟环境相互作用，以表现客观世界的真实特征。虚拟仿真式视频的制作主要是通过虚拟现实技术模拟历史、真实场景或模拟物理、化学、生物医学等实验，为线上线下课程提供直观、形象的学习材料，让学生获得身临其境的体验。但，虚拟、仿真终究是虚拟，是仿真，而非实实在在的真实的场景与操作，如果学生们很少甚至没有真实的操作，那么一旦遇到了具体的操作，谁能保证他们不会出现失误，不会焦虑与恐慌？

泰德·丁特史密斯介绍说，在一项1986年的研究中，研究人员问中小学生这样一个问题：一个牧群中有125只羊和5只狗，请问，牧羊人几岁？他们是这样回答这个题目的：有些用125减去5，有些认为25相对120更有可能。四分之三的人给出了这样那样的数字作为答案。数学教学并没教会学生思考：这个问题究竟是什么意思？我已经有足够的论据来回答这个问题了吗？相反，他们学会了生搬硬套，用各种数学手段来应付这个问题，这就引发了这样一个疑虑：自适型学习软件可能会把这一代学生训练得更为缺乏自身思考，只会生搬硬套公式。

无论我们信还是不信，但这就是研究的结论。

线上教学，教师更需要警惕以超越互联网的博学去向学生单纯地传授内容知识，更要将精力放在鼓励、调动学生的积极性上，更要想方设法创造条件让学生自己去思考、探索与批判。而实际上又有多少动辄几百几千甚至上万元一门课程的网红名师的在线教学不是一个人在那里喋喋不休、照本宣科的？更为可怕的是一些网红名师原本就是连具体的学科知识都不具备的，只不过是通过在线教育平台和一些媒体包装出来的，只不过有一张能忽悠的嘴巴而已。

至于如何看有些资本为了追逐利益，发布一些虚假广告骗家长来购买课程的行径这一问题，我以为他们固然可恶，但我们需要思考的是，为什么如此失控，如此猖獗？如果仅将其归咎为有关部门的管控不力是远远不够的，关键还在那些愿意买单的，正是因为买单者众，骗子们才能屡屡得手。更为悲哀的是不少买单的还听不得那些揭露骗术与骗子的声音。另一方面，后疫情时代的地方教育行政官员在政绩思维与维稳思维下提出的一些要求催生的学校管理者和老师们的焦虑、家长们的焦虑也是骗子们屡屡得手的一个原因。某种程度上说，线上教育的种种乱象，是买方市场的愚昧使然，或者说我们这些教育者与家长在某种程度上有意无意地成了某些在线教育平台与披着教育专家或名师外衣的骗子们（尤其是那些拥趸者众的有着专家学者乃至教育家称号的骗子们）的帮凶。有需求就有市场，寄希望于管控治理这些乱象，恐怕只是一厢情愿，如果买方不理智的消费观念不改变，这些乱象必然会持续保持"野火烧不尽，春风吹又生"的生态。

从学的立场看，线上学习更加需要重视互动、小组学习，以及基于真实世界的问题解决的行动策略。稍微具备一点教学常识就应该知道，教学效果很少取决于人们使用怎样的教学工具。效果的好差，更多地取决于施教者的教学理念与教学方式，尤其是施教者与受教者的互动形式、师生之间的关系以及具体的教学环境（场景），以及师生之间共同营造的学习氛围，等等。用什么工具教学、通过什么流程教学不是不重要，但它们只是促进教学改善的某种要素。事实上是，你我使用的是同一套教材，教授的是同一班学生，甚至使用的可能是同一个教案，但教学效果却大相径庭。

9

教学是
一种善意的干预

在当下这个资讯发达的时代，做教师的，尤其是从事学校管理的教师、在教师群体中有些影响力的教师，以及到处做师德讲座的专家们，多多少少还是应该读一点伦理学方面的专著，不然就有可能误导学生、误导教师。

伦理是什么？法国学者埃德加·莫兰在《伦理》一书中有个简单的回应："非如此不可？非如此不可！"我以为肯尼斯·A·斯特赖克和乔纳斯·F·索尔蒂斯在《教学伦理》中有句话可以用来诠释这个回应："道德判断告诉我们应当做什么以及不应当做什么，告诉我们责任之所在。"教育的"非如此不可"是什么？是立德树人，是使人成人。或者反过来说，凡与立德树人、使人成人背道而驰的，就是有违教育伦理的，就是反教育的。

教育要立德树人，使人成人，就要想方设法帮助师生成为具有独立思考的终身学习者。这就要求教育，尤其是学校教育给师生提供切实能够感受到的安全环境。但实际上不少学校则恰恰相反：总是希望通过制度、条文来实现我们期待的效益，但是，我们在考虑制度、条文的时候，又很少考虑具体内容和具体对象的实际。在方式、形式选择上，更多的还是停留在"禁"与"堵"上。"一禁了之"成为一种"脑中之轮"。机械死板的寄宿制、军事化的标准管理、模式化的要求把学生管得过死，束缚了个性发展，已经成了一个普遍的桎梏。另一个问题是在面对学生的种种错误或者"不服从"上，不少学校与教师更多地热衷于采取这样那样的惩罚举措，很少会想到这样那样的惩罚的结果就如罗博·普莱文所言："被罚出局的学生通常身边都有一拨同一年龄段的朋友，要么比他大一岁要么比他小一岁，这种情况下与其让他成为班级中的搞笑王，不如让他成为一位骚扰者。因为在很多年轻人看来，被老师从课堂上赶出去，反而觉得是被奖励了一枚荣誉奖章一般，尤其是班级中大部分人都是他的朋友时……"

教育要立德树人、使人成人，就要着眼于人的德性的养成，帮助每一个人立足于社会网络，在人与人的关联中最大成效地发挥每一个人的智能，使每个人的人生更为丰满，更具活力。所有的教育教学活动的出发点和落脚点都应该是让其成为生命的活动。唯其如此，才能使教育对象由自然人成为精神健全的人、文明社会的正常人。从这个意义上说，凡要求他人做到的，自己首先必须做到；凡要求别人不做的，自己坚决不做。更为重要的是，必须创造一切可能的机会鼓励学生质疑思考，学会倾听与分享，而不是想尽一切办法让他们奔向一个目标、一个答案。这就要求教师自己努力成为一个思考者、批判者，成为一个"有问题的人"，成为一个善交往、愿沟通、会取舍、有主见、肯钻研、能创造且积极参与分享的人。这就是"非如此不可"。

　　教育要立德树人、使人成人，还要理解教育不过是一种"善意的干预"。罗素曾说："有些人将教育视为灌输某些绝对信条的工具，有些人认为教育应当培养独立判断的能力，这两类人不可能有共识。当涉及这些问题时，回避是徒劳的。"（伯特兰·罗素，《教育与美好生活》）既然不可回避，那么就要思考如何干预，何为"善意的干预"。我的理解是要少些强制、少些一厢情愿和自以为是，更多地从受教育者的立场、视角、知识等诸多方面考虑这些干预是否"非如此不可"，而不是单方面地施加或者灌输。以那句耳熟能详的"没有爱就没有教育"为例，从伦理学的视角来看就是"非如此不可"。教育当然需要爱，但还应该思考怎么爱的问题。并不是所有的爱都是善意的，譬如溺爱、对方并没有感受到的"爱"，就是一种强加，甚至是一种伤害。

　　如果说得狭隘一点，教师最大的道德就是想方设法把课上好。而这所谓好的背后就关乎伦理与道德，就有一个如何干预的智慧了，其付出必然是艰辛的。

10

教学理解
与教学决策

　　教学决策不仅取决于教师个人的知识积累，还有赖于教师的专业视野。个人成功的经验和失败同样会影响个人认知，怎样的认知就有可能有怎样的选择。只不过我们需要注意的是，一种理论、一种观点与实际的教学之间的距离是遥远的。"在很多方面，如果教师只是给予少量关注，那么很多这样的事件会保持默认状态，难以捉摸而且很难被界定。如果这样的话，那么有些课堂实践的最重要的知识可以被不予理会和忽视掉，因此减少了在教学中去理解专业知识的可能性"，这就是"理论和实践差距"。（约翰·洛克伦，《专家型教师做什么》）想要缩短这距离，需要的是耐心、勇气，还有信念。具有专业精神的教师对任何教学理论和教学观念都应该保持的态度是：既不排斥，也不迷信。约翰·洛克伦说："提出问题是最重要的教学技能"，"当你思考得更深刻和广泛，那些看似简单却很明显的问题，会比实际上要复杂和困难得多"。

　　作为教师，我们必须充分认识到各种教学理论或者教学观点在不同的理论和观点那里是会遭遇质疑的，企图死抱一种理论或观点而排斥其他理论和观点，就有可能走进死胡同。任何一种理论或观点只不过从一个方面（或者是内容、或者是对象、或者是特定的时间与空间）来解释学习或者教学的方式与策略。具有专业精神的教师必须尽可能掌握丰富的教育理论和教育观点，乃至于具体的教学方法，如此，才可能根据具体的教学内容、教学对象、教学时间和空间选择合适的方法与策略。

"教学中的学识需要实践的专业知识，去公开地提供批判性审核与发展，将这种知识投入使用对于我们每个人来说是一种选择，然而选择去做一些与之相关的事业是一种专业的期望"（约翰·洛克伦，《专家型教师做什么》）。现实的状况是我们这些做老师的对一些教学与学习的专业知识知之甚少，或者一无所知。许多情况下我们习惯于领导让怎么干我们就怎么干，专家怎么说我们也怎么说。很少有时间，也很少有意愿静下来翻那么几本相关专业的著作。随着教龄的增长，激情没有了，认知固化了。虽然也会参加这样那样的培训活动，也会写那么几篇文字，只不过是为了完成规定性动作要求而已。至于批判性思考，在我们传统的认知里"批判"就不是什么好事情，"批判"就是"找茬"，就是"对着干"，很少认识到在批判性思维领域，这个词表达的意思是"有辨识能力"。谁会欢迎一个总是"找茬"和"对着干"的人呢？那就放弃质疑、放弃思考吧。

影响教学的因素是多方面的，其中一个重要因素是课堂教学的环境，包括班级人数、教师的空间、教学的时间（周一还是周五，上午还是下午）、教学的设备、学生的出勤情况、学校管理者的巡视频率，以及校长、同行、家长乃至其他人的影响等。因此，在讨论教学时，必须考虑到学校特殊的、多层次的环境，以及教学环境的复杂性，而且还要考虑到教师对影响教学因素进行判断的专门知识、技能和个性特征。教学的复杂由此可见。

　　只有认识到教学需要实践的专业知识，需要批判性审核与发展，需要自觉地调动自己的知识储备和默会经验对领导的要求、专家的言论做一些深入思考，才能在此基础上做出相对专业的抉择，而不是随便接受听到的、看到的任何信息。好的决策一定是在反复权衡与批判的基础上形成的，即便是那些临时决策也是如此，只不过背后的储备更为丰富而已。

11

态度改变，
行为才能改变

　　这个世界上不仅没有完美的事情，也没有完美的人。教师作为人也是不完美的，所谓完美的教学和完美的课堂也是不存在的。所以，教学时好时差也是再正常不过的，再好的教学设计、再好的教学方法，只不过是教师在特定的场景下将其用到极致的个案，换了一个场景，换了一批学生，设计与方法必然要做相应的调整，这才是符合教学原理的。记得刚刚做教师的时候，有位前辈跟我讲，教书在许多时候就像种地一样，也是要论年成的，年成好，收成就好，40多年的教学和管理经验告诉我的也是如此。所谓年成好，不外乎风调雨顺，但也要有适时的管理：选种、栽培、除草、追肥等。而教学除了"选种、栽培、除草、追肥"等，还需要示范、讲授等。

　　从教学评价的角度看，不管是学校管理者还是教师，衡量自己与他人的教学是否专业的基本的标准就是：能不能娴熟地掌控课堂并充分发掘每一位学生的潜能，以帮助学生一步一步地达成目标；能不能在有限的时间内有效实施教学，调动更多的学生参与其中，激发更多的学生完成具有挑战性的任务，并在学生完成挑战性的任务的过程中给予有效指导，鼓励学生相互支持，及时进行反馈与评价，以帮助学生达成学习目标。考量的不仅是教师的经验、教学的智慧，更要有良好的教学环境。无论是教师自己，还是学校管理者，接受教学业绩的下滑是必备的心态。任何教学策略和方法是不可能一下子拿到课堂上就能见效的，更有可能是这一堂课上有效，换了一堂课就未必见效。教学技能的提升是一个日久天长的事情，急不得的，需要的是韧性和毅力，不仅要允许犯错，还要接受教不会，接受成绩下滑。遗憾的是，我们要的只是一年更比一年好，一个更比一个强。

这几年我的主要精力就是同一些老师共同探讨个人的职业发展的方向与路径，力图与老师们共同走出年复一年、日复一日的枯燥而乏味的教学生活，试图从中找到属于个人的教学乐趣。同样，从事实际教学的学科教师，也要帮助每一位学生逃离枯燥乏味、不见长进的境地。

许多时候我们存在两个极端，一是过于高估自己的认知与能力，二是过度仰视名师们的主张与技能（譬如民间排行榜前几位的，譬如教学期刊上开专栏的，譬如到处上公开课、示范课的……）。《教师如何持续学习与精进》的两位作者对我们有如下提醒："在请教或者向教师们传授经验时，低估教师自身的经验是很危险的。你可能有更多年的经验或技能，也可能有更多的荣誉和头衔，但是如果不小心，你就会掉进陷阱，打破你们关系中的平衡。"每个人有每个人的优势，也有每个人的致命弱点，过于自信与过于仰视名师的共同危险就在于我们可能会过分关注某些形式上的东西，包括那些实际上与教学无关的冗余的细节（其实不过炫技的那些东西），或者总是固守原有的认知与方式，或者总是怀疑自己之前的种种做法，而让自己陷于孤傲或迷茫中不能自拔。

其实，无论教龄长短，总体而言，只要用心于教学的，每个人都具备一定的教学智慧和专业技能，每个人的发展都有一个过程，并且都有自己的路径，而非一概而论。无论是教学指导者还是学习者，只有当我们目的一致时，才可能形成真正意义上的伙伴关系。教学需要学生的激情参与，教学指导同样需要教师的激情参与，舍此都可能白费气力。无论是教师教育，还是学生教育，我们需要明白的是：努力调动积极性，耐心等待改变，找准机会推动改善才是正道。

在情绪管理方面，教师的态度显得尤为重要，你的态度决定了你的教学行为，你与学生们说话的方式，你的备课方式，你的课堂教学组织形式，你的教学方法，以及你布置给学生的学习任务和你对学生作业的处理方式。某种程度上说，你的态度会通过你的一笑一颦、行走的方式，甚至是穿着打扮不经意地表现出来，特别是你出现在课堂上的时候。

其实，许多时候不是学生与家长不理解我们，而是我们的态度让他们无法理解。作为教师，你连教材都没有好好读，你的教案与PPT都是拿的别人的，就你这态度，凭什么让学生与家长理解？

教学本就是一件复杂而又精细的活儿，需要的是耐心和毅力，没有认真负责的态度是不可能做到位的。我很认同社会心理学关于改变观念才能改变行为的观点，换个说法就是做教师的想要看到自己期待的结果，首先必须改变态度——对教学的态度，对学生的态度。如果能认识到教学工作是关乎学生未来的命业的话，我们才有可能改变自己的教学言辞与教学行为。舍此似乎没有二选。改变态度，才能改变行为。

有怎样的教学理解
就有怎样的教学

导 / 语

有一回在机场候机，坐到一家皮具店喝茶，营业员是位 20 出头的小伙子，热情、耐心、直率，对店里每一件皮具的价格信口道来，毫厘不差。我问他：公司对你们是不是有考试？他说：要考核啊，一千多个商品，每个价格都要烂熟于心，当初可是瘦了好几斤的。我又问：机场店铺，生意好做不？他说：总体不错，一般情况下 10 个人进店，总有 3 个人会买，而且只要你买了一件，就有买第二件的可能。我的感慨是，如果一位教师能够像他们这样花气力熟悉商品价格一般去熟悉课程，了解学生并积极地与学生沟通交流的话，教学工作何愁没有改善的希望？从购买欲的视角来看学生的学习欲貌似有点道理，只有当"顾客"想买的时候，"推销"才可能成功，"顾客"不想买，无论你怎么"推销"也是白搭。

12

缺乏理论指导的教育实践
只能是盲人摸象

当有机会在任何一种环境中分享对教育教学的认知时，我总会跟同仁们分享一些相关理论或者介绍几本相关的书籍，我也清楚这样的举动是遭人厌的，但我依然乐此不疲，陶醉其中，因为我认为，缺乏理论指导的教育实践只能是盲人摸象，甚至是拿学生当小白鼠，这是不道德的。当然，我也会尽己所能用我以为的最通俗的言辞转述这些理论，尽管不是那么尽如人意，但这样的分享我还是会坚持下去。

L·C·霍尔特等在《教学样式：优化学生学习的策略》中说："具有教育理论知识的教师能够更好地做出指导实践的决定。所以，当教师对教学和学习做出专业判断的时候，常常受到有关学习者和学习的理论的指导。教师不仅应当具有理论知识，而且要理解它为什么起作用。你拥有的学习理论知识越多，你就越能够解决问题，并且知道如何调整策略来满足学生的需求。"我也认同作者"不是所有的理论对每个学生或每组学生都有效，但是，拥有这样的知识可以让教师将理论知识用于解决教学中的实际问题"的观点，更认同"教学受到学生特点和需求的高度影响，在一个课堂有效的策略对另一个课堂可能就是灾难"的说法。所以，我一直不认同所谓好的教育是可以复制的说法，更是立场鲜明地反对推销兜售某一种教学模式和教学经验。

任何一名教师的教学，都不可能总是成功的，更何况学校不同、学科不同、教师不同、学生不同。教学的过程于老师而言就是一个不断学习的过程，过去成功，并不一定意味着现在也会成功，因为"今天的学生与过去相比产生了诸多变化，因而教学变得越来越困难"，企图用彼时彼地的经验应对此时此地的状况不过痴人说梦。当自己的教学没有获得理想的结果时，"教学的'失败'就发生了"，面对"失败"，任何一位教师需要明白的是"每一次失败都告诉你哪一些方法对你当前的学生有用或者无用。当你反思和调整的时候，你就在学习，教学就是你自己的学习过程，如同你的学生的学习过程一样"，所谓教学相长大概就是这个意思。

"为了给你的学生一个不一样的未来，你必须先了解自己。自我知识不是固定不变的；随着你的成长和阅历的增长，你的自我知识也在改变。你有选择的权利，你控制你的态度。自我知识意味着你有选择自己感觉方式的自由，因为你知道你控制着自己的感觉和体验。"（L·C·霍尔特等，《教学样式：优化学生学习的策略》）所以，满足于一桶水是远远不够的。你用什么样的教学样式教学，不仅是你的选择，也是你的自由，所以没有什么一成不变的教学样式。"你不可能控制所有的发生在你的课堂或生活中的情境；发生在生活中的事情有很多是你无法控制的"，教学预设再周全，但到具体的课堂上，也常常会遭遇各种预设之外的困境需要你临场发挥。这就是所谓的"虽然你不能控制所有的事情，但是你有权控制如何对这些事做些反应。人性的本质就是具有选择的权利"。"作为一名教师，能够意识到自己并不是无助者时，意味着你应该负起自己的责任，并且能够意识到你所遇到的结果都是你自己的选择导致的。"如此，我们就可以理解为什么不同的教师会有不同的教学效果。

作为教师如果理解了个人知识对个人认知的影响，就可以理解为什么每个人有每个人的教学行为乃至教学效果，或许就会认识到想要成为称职的教师就要不断地学习，也就可以理解为什么说"在你的课堂中，能意识到自己的个性以及这些个性对成功的影响，是你和你的学生获得成功的关键"。一个教师在个人禀赋、知识积累、阅历以及教学经历基础上形成的个人知识影响着自己的教学认知（这认知换个时髦的说法就是教学主张）与教学智慧，而这认知与智慧（即所谓的专业资本）必然决定自己的教学选择，进而影响自己的教学模式形成一个个具体的教学样式。

就教学而言，我觉得肯·罗宾逊在《让思维自由》中说的这段话是有道理的："没有人能在逼迫之下违背自己的意愿去学习。学习是个人选择。当然，在面临强制和处罚的条件下，哪怕是最不想学习的人也会勉强背下些观点，以免考试成绩跌落谷低。但民主教育的精神要求是：学生应心甘情愿地学习。"推而想之，学习如此，教书如此，干其他活儿同样如此，逼迫之下会有效果，虽然这效果也还是自己需要的，若外部力量如何转化为内在需求的问题如果没有得到很好的解决，几年后收获到我们不想要的结果就不足为奇了。

我们这些做教师的还真的应该向其他行业的同仁们学习学习他们的专业精神、行为方式、从业态度等。尽管我也知道和坚持教育区别于其他行业，这区别主要在于教育是面对人的，教育关系主要是人与人的关系，其他行业使用的管理原则、运营模式未必完全符合学校教育的认知，但也十分清楚现代学校的许多要素都是从其他行业拿来的，比如管理学、心理学等。多看看其他行业同仁们的专业精神、行为方式和从业态度，多多少少是会给我们的工作带来某些启发的。至少在我参与不多的一些企业培训中所看到的学员的参与度就远远高于我所参与的中小学教师培训的学员的。

我在《提升教师的教育境界：教学的道德尺度》中看到巴里·L·布尔在谈"教师专业化的限度"的话题时说："教师职务的自由职责就是让学生进入并获益于可以使其享有自由公民普遍自主权的成人社会，从而培养学生选择并持有道德观的能力。换句话说，学校教师的基本职责就是让学生学会负责任地行使公民的基本自由。这些基本自由允许一个人追求自己的利益，与此同时也准许其他人公平地追求他们的利益。因此，要想行使这些自由，一个人首先需要成为真正的自我，也即拥有良好的个性、能独立做出判断、具有一定程度的自我理解能力。而且这些自我理解能力可以让其运用这些自由去实施自己的目标，因而，一个人还要拥有属于自己的目标。尽管没有必要无中生有地去制定这些目标，但一个人在接受教育的过程中会产生许多道德观，多数情况下你可以自由地从含糊不清中将这些目标挑选出来。"我以为这段文字包含两层意思：一是学校的责任，二是教师的责任。作为学校要为教师的教学提供自由，为他们展示个性化的教学才能提供充分选择的余地，这样才能充分地激发教师教学的创造力；每一位教师如果要走向专业，则需要保持自我，明确个人的目标，这目标不是无中生有的，而是要不断厘清的，是要指向帮助学生成为社会人的。

那么，如何判断或理解一个教师是否算得上"自我"呢？巴里·L·布尔的看法是："一个人能否算得上自我，则要看其个性优异的程度，所做的判断具备怎样的洞察力和鉴别力，同时还要看其自我理解能力的敏锐度。一个人能否自己挑选目标，取决于所选择目标的可能范围有多广以及个人对这些可能性的理解程度。而一个人的公平意识能否约束其行为，则有赖于其愿意为了对他人公平起见，而放弃扩大自己利益的机会的程度。"这洞察力和鉴别力从何而来？前提是必须具备作为教师必须具备的一些基本的专业知识、思考力以及自主研究能力。许多判断总是以知识为基础的，紧跟着的是思考，没有相应的知识的思考难免成为胡思乱想。自己没有思考又如何引导学生思考？一个具有自我的教师不仅是具备终身学习的意识与能力的，更应该是付诸行动的，也一定是具备批判性思考与独立研究的意识与实际的行动力的。如此，才可能有所谓敏锐的理解力，随后才可能有所谓的洞察力与鉴别力。不具备相应的知识，就容易被专家忽悠。

　　"自我"在这里可以理解为教师的专业素养。一个称职的教师不仅应该具备丰富的学识与专业技能，更应该具备敏锐的洞察力和专业的鉴别力，如此才能在课堂上快速读懂学生的需求，找准教学难点，巧妙运用教学方法，以各种有趣、创新的方法激发学生的学习兴趣。如果一个学生无法理解几何图形的对称性，则可以引导他观察日常生活中的对称物（如人脸、门窗等），也可以通过电子白板等现场创造对称图形帮助他理解概念。如此，就彰显了职业教师的"自我"特质，展示出自己的专业素质与鲜明的教学风格。

13

每个教师都应该
有自己的教学思考

当我们探讨教学改善的时候，总会有人问怎样做才对。如果只有怎样做才对的问题却不以行动探索怎样改善，甚至找出许多理由来解释为什么不知道如何做，而希望别人能给一个具体的意见，希望别人能给一套可以复制的流程与方法，那希望终究只能是一种希望。处理任何事情正确的做法总是因具体情况不同而有差异，并不存在适用于不同情况的一般原则，教学工作更是如此。教学工作的改善一定是从事教学工作的具体的人的事，也一定是在课堂上才可能发生的事。

《专家型教师做什么》在谈论"对教学工作的思考"时有这样两段总结性的文字说得很到位。

一段是："教学专业知识所涉及的，比起简单地积累怎样完成教学的技术技能，技巧和轨迹要更多。尽管技术能力是一个来自教学专业知识增长的重要基础，意识到教学是一个同时面对学生和教师的教育过程是十分重要的。"其实，我们在许多时候并没有意识到教学过程是教师与学生携手共进的过程，而非简单的传输与接受的过程。之所以会有如此的认知与状况，就因为我们这些教师很少具备相应的教学知识，再加上新手教师进入学校不久就遇上了这样那样的"教学技能"大赛的诱惑，谁还会静下心来认认真真地读那么一两本有助于教学技能提升的基本理论著作呢？没有掌握相应的教学基本理论和知识，也没有一定的教学经验的积累便直接奔着技能去了，这就难免会出现虽然一些高学历的教师进入了一些名气很大的学校十年八年也未能够成为人们所期待的所谓的好教师的情况。相反，倒是被其所在的学校文化带歪了，比如迎风拍马、课堂教学尽是花拳绣腿、谈吐虚花盖脑、"教学研究"弄虚作假（"论文"是买的，"课题"是拼接的，甚至是借助他人之手完成的）……提升教学技术是必需的，但没有扎实的知识储备，想要形成符合教育规律的教学技能是比较困难的。

从学校管理层面讲，如果没有"意识到教学是一个同时面对学生和教师的教育过程"，便很少能从教师的专业发展的角度采取相应的教学指导举措；就教师个体而言，如果没有"意识到教学是一个同时面对学生和教师的教育过程"，也就很少会去思考重要的是必须增加自己的专业知识和实际的教学经验的积累，然后才是技术的提升。

另一段（其实是一句）是："尽管对于有些人来说教学看起来很简单，但事实上教学是一个复杂的过程，因为它是存在问题的。"我的理解，在无知者面前教学是简单的，尤其是语文教学。而在专业教师那里教学是相当复杂的，是会存在这样那样的问题。一个具有专业精神的教师会不断地在教学过程当中学习教学。教学的过程就是一个自我教育的过程：自我观察，自我审视，自觉反思，不断地抛弃固有的教学认知，在教学过程慢慢地形成自己相对清晰又相对完整的教学理解。

如何对待别人的教学主张、教学理解与教学建议？保罗·基尔希纳教授说："对接受教师教育的师范生而言，我认为最重要的是培养他们的批判性思维和研究意识。当师范生接触某种教学主张时，他们应该学会去了解该教学主张的来龙去脉，并在此基础上对其正确性进行理性判断和评估。在进行学习设计时，教师可以遵循'审视—追踪—分析—综合评价'这一流程（Willingham，2012），从而帮助他们判断教学主张是否合理、科学。作为未来的教师，他们首先要学会判断有关教学主张的语言表述是否清晰、客观、理性和深刻，进而运用假设法对其科学性进行推敲。其次，他们需要追踪教学主张的理论依据，即找出支持其说法的证据，比如追踪相关文献。在多数情况下，人们会对权威专家发表的观点深信不疑。有时候，这些观点可能听起来合乎逻辑，但不一定是正确的、合适的。因此，对这些观点进行追踪是有必要的。随后，他们需要对教学主张进行分析。在分析教学主张时，可以辅以学习科学专家的研究结论，但这仍要求他们具有批判意识。最后，他们需要对教学主张进行综合评价。如果各个步骤中得到的结果都很不错，那就可以确定教学主张的合理性和科学性，就可以将其用来指导学习设计。"（蔡慧英等，《基于证据启发的学习设计：让教师教学站在理解教育规律的基础上——访国际知名教育心理学和学习科学专家保罗·基尔希纳教授》）没有系统而扎实的教育学、心理学等与教育有关的基础知识以及丰富的教学经验，用什么来审视？

所谓追踪就是刨根问底，就是要弄清楚这样做以及不能这样做的依据是什么。也就是说任何教学行为的背后，其实有各自有意无意的教学主张支撑着。"在多数情况下，人们会对权威专家发表的观点深信不疑。有时候，这些观点可能听起来合乎逻辑，但不一定是正确的、合适的。"这就需要我们调动自己的专业知识进行全面的考量与分析，形成自己的专业判断，并在实践中努力验证自己的判断，如此才有可能对专家的言论做出综合性的评价，并在评价的基础上有选择地采纳。也就是说拿来主义是行不通的。譬如，被贩卖"深度学习"影响的朋友可以看看《专家型教师做什么》中的这段文字："尽管深层次和浅层次是区分不同学习方法和学习的有用的表述，但是没有必要去遵循这样的看法及深层次的学习是好的，而浅层次的学习是坏的。"做教师的必须清楚这样的基本常识：教学方法一定是从教学需要出发的，更是要因人而异，因地制宜的。任何一种教学方法都有利有弊，片面强调一种教学方法一定是有问题的。

一所学校想要改善教学，那就要改造固有的学校文化，努力营造一种人人改变自己的风气。"如果我们都能从自己开始，做好自己应该做的事情，成为自己可以成为的最好的人，我们才有更大的机会将世界改造成更好的样子。"

14

提升教学质量的关键
在回归教学常识

提升教学质量的关键在回归教学常识，要回到课堂教学的基本问题上来，这些基本问题不外乎备课、上课、辅导、训练等。

▎ 认真备课是上好课的前提 ▎

课，对任何一位教师来说并不是说上就能上的，更不要说能上好了。任何一位教师要上好课，总要做一些上课的准备，这准备就是"备课"。顾明远老师主编的《教育大辞典》对备课是这样释义的："教师上课前的教学准备。包括钻研本门学科的教学大纲、教材和有关参考资料，了解学生的实际；编出学期（或学年）教学进度计划和课题（或单元）计划；写出课时计划（教案）等。有集体备课与个人备课之分。前者是教同一科目的教师在一起共同研究教材中的重点和难点，或介绍本学科的新的信息和知识；后者是个人钻研。前者必须建立在后者的基础之上。"可见，备课与写教案并不完全是一回事。我的理解，备课的过程就是思考的过程，也是谋划的过程，更是反复权衡与取舍的过程。我认为任何教师、学校领导和教学管理人员都应该这样对待备课，而不是只将备课理解为写教案。备课必须充分了解课程目标与要求及其体系，备课需要通读教材，要将教材放在课程框架内对具体内容（某个单元、章节）的主题做专业的分析与研究。

此前所说，我是主张写教案的，但教案只是备课过程中的一个要素（一个环节、一种成品的呈现形式），是课时教学计划，有些教案充其量只是单元教学计划。备课，应该是贯穿在整个教学过程中的，甚至是贯穿在一个教师的整个教学生涯中的。因为这当中有一个很重要的因素是比较难以处理的，那就是具体教学场景中教与学的关系。对学生的情感态度的研判对任何一位教师来说，都不是一件简单的事，需要教师竭尽全力去理解，需要考虑预留充分的时间给学生，让他们参与其中，需要想方设法保留他们的好奇心，让他们能够感受到学习的乐趣，看得见学习的进步。

从课程教学的角度思考备课则有课程教学计划（长期计划）、教材教学计划（中期计划）、单元或课时教学计划（具体教学内容的教案）。如果我们总是一课一课、一单元（章节）一单元地备课，那就只能一直停留于具体的"孤立"的某个知识板块来思考与计划或者设计教学，如果能从整个学科课程出发思考什么时候教什么、教到什么程度，那么我们一直纠结的学段及年级之间的衔接意识与教学策略的问题或许就可以慢慢找到解决的路径；退一步讲，如果一个教师能在充分研究整个学年的教材的基础上思考具体单元（章节）与具体板块内容的教学目标、任务及其教学的话，那么就可能克服备课碎片化、孤立漂离的问题，打破教到哪里是哪里的局面。有效的备课至关重要，它是高质量教学，至少是有效教学的基础。没有教案的指导，教学就没有方向，就会出现教学的随意性，就有可能催生师生的焦虑，因此，作为教师我们必须充分认识备课的意义与价值。备课中我们需要审慎思考如何明智地选择备课的策略与方式。

我这里说的备课，并不只是一堂课一堂课的，也不只是一个单元一个单元或一个章节一个章节的，还包括一个学年、一个学段的甚至整个基础教育阶段某一学科课程的，也就是说教师的备课是立足于具体学科课程体系的全局性的思考与谋划。要知道只有明白了什么时候教什么、教到什么程度，才可能知道学生什么时候的应知应会，才可能在准备课时教学计划（即写教案）的时候，依据"应知应会"去研判学生实际的"已知已会"，从实际出发确定具体一个课时的教学起点，才可能在新授的同时采取积极有效的举措考虑补救教学。一旦我们有了从课程体系出发备课的意识，能够从本学段、本年级的教学要求谋划教学，就能够比较确切地知道自己每天在课堂上到底该采取哪些教学策略与方法，将什么样的学习内容呈现给学生，慢慢地也就可能由备课走向教学设计了。

教学理解与教学起点

对不同认知起点的学生的要求应该是有差异的，这差异不单是在教学目标上的，教学内容、教学进度、教学方法同样应该因人而异。因此，教师必须尽可能地掌握更多的教学方法，以适应不同的学生、不同的教学内容与教学场景。

我以为要根据不同认知起点的学生的实际情况采取相应的教育教学对策，首先需要的是具备相应的知识，但知识的学习和掌握需要的是态度，谦卑的学习态度。只有当我们充分地认识到自己过去所掌握的知识、形成的技能与当下这帮学生以及当前的教育教学的要求是有距离的，当然更与当下风云变幻，新要求新口号层出不穷的基础教育现实不匹配的时候，我们才有可能主动地舍弃固有的认知，接纳自己的无知，进而增强学习的欲望，为改善教学积累新知。当下我们面临的一个巨大的挑战就是在"双减"要求下如何"减负增效"，这挑战对小学与初中老师来得更大。如何应对？还是要回到教育的常识，而要回到常识就要了解常识，就要学习常识。所以，我还是建议老师们读一点教育教学理论著作。还是那句话，多读书才能不被忽悠，少被忽悠。

其实各国中小学教育面临的困境就如安德烈亚斯·瓦格纳所言："这些孩子和父母生活的世界被一个简单粗暴的达尔文式教条支配着：过度竞争才是通往成功的唯一路径。这个教条就像万有引力一样不可规避，而且竞争越激烈，成功越耀眼。""所有学生都为了登山在全力冲刺，而且，所有学生的目标都是同一个山头。""成绩单、评估中心等手段都有利于促进择优选拔，而且会不假思索地把各种奇怪的课程或技能组合拒之门外。"（安德烈亚斯·瓦格纳，《如何解决复杂问题》）那么，当我们不得不开展延时服务的时候，是不是应该思考如何确保延时服务的课程内容朝向更有利于学生的发展，是不是可以将那些貌似与学科知识无关的"奇奇怪怪"的课程引入其中呢？我的意思是，如果说"常态化"的课堂教学中教师在教学内容的选择上很难有自主性，那么我们在开展不得不开展的延时服务时，是不是可以在课程内容的多样化选择上更多地根据不同学生的认知起点和兴趣点，尽可能地给他们提供一点多样化选择的机会呢？我想应该是可以的，但这当中恐怕首先需要的是学校和教师的课程选择与开发的自主意识。

正确理解与看待学生的参与

一个教师要将课上好，就要认真研究课程标准及教材提出的教学要求，更要研究所教的学生对即将学的那些内容的知识与技能的储备与实际情形，在课标、教材的要求及学生的实际情形之间权衡教学目标与要求，进而设计相关的教学活动，使得每个学生在具体的学习任务中达成学习目标。

今天的课堂教学以及人们对课堂教学的评价所存在的一个普遍的偏见就是刻意地追求表面热闹的气氛，而很少关注学生实际参与的程度。热闹的课堂未必是学生参与度高的课堂，沉默的课堂也未必是我们所说的气氛沉闷的课堂。殊不知，许多情况下正因为一些同学的沉默给了另一些同学发言的机会。当我们觉得课堂上学生的参与度"不高"时，就有必要反思我们的教学设计以及在教学活动组织过程中究竟在哪些环节中出了问题，至少应该审视一下作为教师有没有采取有效的方式让更多的学生从内心理解教师对自己的期待，有没有可能设计出更为积极而多样的方式让学生参与其间，有没有通过改变教学语言与教学方式使更多的学生以他们独特的方式参与到学习活动中来。恐怕只有当我们弄清楚了课堂参与的本质究竟是什么的时候，至少当我们意识到课堂参与不单单是口头发言时，才有可能认识到课堂参与的形式本就是丰富多彩的，才有可能静下来思考沉默的意义，以及沉默在课堂教学中的意义，而不单单以是否热闹、活跃来衡量一节课的学习氛围。要理解这一点，恐怕难就难在如何判断具体的个体乃至群体的沉默是不是真正参与到了本堂课的主题之中。我一直认为，最有效的互动是心灵的互动。心不在焉，再热烈的言辞，也只是敷衍。

我曾在《我的理想国》一文中如此说：

这个国度完全属于孩子了。他们几乎要怀疑为什么有人会造出"听课"这样的词汇来。"课"，仅仅是用来听的吗？……不，显而易见，它应该是用来享受的，是用来品味和启示人生的，或者从更具诱惑力的观点看，是用来寻找和确定自己存在的意义的。如果做不到，至少，也不要被"听"羁绊了自己——他们已经幸运地远离了那样的年代。是的，课堂就属于他们，属于他们的感官，他们的身躯，他们的思想，他们的灵魂。超越了听说读写的"正统标准"，课堂就是一个通过展示、交融、碰撞、互生、启迪，以及在关爱、呵护、平等、自由的氛围里，加速每个人的人格成长和心灵健全的特殊时空。所有自主性的体现来源于挑战，所有创新性的脱胎始自于怀疑，所有辩证性的获知根植于实践（验），所有感悟性的跃迁得益于思考。是的，这就是课堂的所有使命，简单而复杂。

15

"学习"是怎样的事，
"教学"又是怎样的事

　　大凡从教育的角度看教学的教育学者，总有这样的清醒的认识：作为学习者，无论他是学生，还是老师，其"学习"绝不单单是为了掌握知识与技能，而是要通过学习学会学习，能够运用所学去解决实际问题，面对纷繁复杂的现实社会的一个又一个具体的现象调动所学去分析、研究，从中发现问题所在，进而探寻解决这些问题的路径与方法，并慢慢地形成自己的一套价值体系与行为框架（方式）。这样的认识，安德烈·焦尔当在《学习的本质》中表达得比较清晰简洁，他说："'学习'在日常生活中是一个混合词，在不同的情况下它既可以指理解、认识、记忆、发现、经验获得，又可以指调动已有知识。学习了不一定就理解了。从考试中就能看出这一点。人们可以知道某项知识，对其有所认识，但不一定能利用。掌握内容是一回事，利用是另一回事。""学习既可以指一个人获取一种社会已经掌握的知识，进而丰富一种概念，使他有新的改变，也可以指炼制一种全新独特的知识（也就是学科研究）。"真正意义上的学习"不仅仅是描述记忆的东西和知道的操作程序，而是解释学习者如何理解、记忆、重建知识，特别是解释个体用所学的知识能够做的事。只有当学习这种能力给个体带来更多的东西，特别是当个体能够利用其所学时，我们才对这样的学习感兴趣"。

如果我们理解了"学习"是什么，就有可能认识到，教学从本质上讲是为了帮助学生养成一种思维品质，一种做人、做事、做学问的态度和行为方式。我曾在一个微信群里遇到一位当红儿童文学作家。她说她看到我一篇关于"百万年薪聘校长"的文章，很受启发，还说我也是百万年薪的校长。我问她：我百万年薪，您给的吗？看过我这篇文章吗？结果她说就看了个标题。看看，一位作家凭着一个标题就得出了我也是百万年薪的结论，这不扯淡吗？回头一想，怨不得这当红作家呀，她之所以会这样下断语，我们的同行——她的语文老师有着不可推卸的责任。因为我们在具体的教学过程中教的是知识、是技能，确切一点讲，教的只是为应试服务的知识与技能，没有帮助学生养成追根究底的思维品质和学习态度。

有一天早晨起来，打开手机看天气预报，预报的内容显示有轻度雾霾，界面上配了一句："阴霾在黑暗中发愁，竟忘记了遮住太阳的就是他们自己。"觉得挺有意思的，于是截了个图，在朋友圈发了一下，但我不知道这个句子的出处，就去查。先查到一篇散文的结尾处有这一句，但我根据行文风格，怀疑它并非出自这位作者；然后再查，结果发现是泰戈尔的诗句；继续查，发现出自泰戈尔《流萤集》。于是我不禁感慨：查了又查，出处在这里——泰戈尔《流萤集》。还是读书太少。于是有人跟帖："我也去看看。喜欢凌老师的学习态度，佩服凌老师这种追根溯源刨根问底的精神。"还有人跟帖："凌老师已经退休了还在认真地读书，我们年轻人为什么不能这样呢？"注意，老师不经意的、细微末节的言行举止是会影响学生乃至身边的一些人的一辈子的。那位当红作家为什么看到我的文章的标题，就下那个断语？除了她个人的因素以外，教过她的教师难道没有问题吗？由此我想到，教学设计关键在引导学生养成追根刨底的意识，独立思考的精神，批判性与创造性统一的行为方式。

　　知识，简单点说，只是一个事实，但是事实的背后还有事实，这一系列的事实背后是有原因的，是要引导学生去搞清楚想明白的。在教学设计中，我们不能够满足于让学生知道是什么，还要帮助他们搞清楚为什么是什么，更重要的是要帮助他们用所学去解决实际问题，转而形成自己的知识体系与行为系统，并在此基础上慢慢地形成自己的价值判断系统。鉴于这一点，我们在教授学生程序性知识的时候，是一定要慎之又慎的。

16

理解教学
从理解教学目标的设定与陈述开始

里夫斯认为教学目标是"关于学生经过某次课和单元教学后应该知道什么和能做什么的阐述，这些阐述向学生指出了该课教学所欲取得的学习结果"。马扎诺说，学习目标是"关于学生将要知道什么和做什么的阐述"。我们认为，教学目标就是学生学习需要达到的基本要求，或者说是教学要达到的基本要求，也就是具体的导向。所以，教学的改善必须从认真对待教学目标的设定与陈述开始。

┃ 为什么教学目标的设计很重要 ┃

指向学习者的学的教学设计，自然必须为学生的学习提供支架与支持。这当中首要的一环是要确定合适的教学目标，并从所学内容的性质出发明白而清晰并准确地陈述它。所谓明白、清晰、准确，简单地说，就是学生一看就明白要学的是什么、怎么学。接下来要做的事情就是围绕教学目标确定教学任务并在课堂上实施，再往下就是按教学任务所界定的学生的学习目标对学生进行考核评价了。因此，在某种程度上说，教学设计是从教学目标的确定与陈述开始的。各位不妨回忆一下我前文所说的"你今天要学的就是运用三步投球的动作把球投到篮筐里"这样的目标来思考思考。

┃ 教学目标是什么 ┃

从教师教的角度来看，教学目标是教学的出发点，也是教学的归宿，同时，它还是考核评价教师教的效果的依据。

加涅等人的《教学设计原理》认为："教学设计是一种有目的的活动，也就是说它是达到终点的一种方式。目的一般被理解成是对预期结果的宽泛的陈述，而目标则更具体。"注意，他们认为"目标"跟"目的"是不一样的。"目的"是宽泛的陈述，比如我们认为，指向学习者的学的"目的"是帮助学生学会学习。"目标"相对于"目的"而言，则比较具体，比如我们认为指向学习者的学的教学设计的"目标"是教师在教学过程中，能从不同的学生的个体特质与需要出发，给每一位学习者搭建学习的支架，提供具体而实用的指导。教学目标总体而言是为了达成课程的目标，而各类课程的目标，又是服务于教育目的的。目标确定以后，教学任务，或者说是活动，也可以说是教学事件的设计都要围绕达到预期目标而寻找最优途径。必须注意的是"任务"与"活动"作为教学术语，它们之间的关系是复杂的。（具体见下页图）

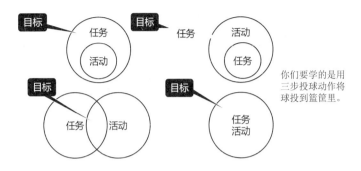

教学目标与任务、活动

你们要学的是用三步投球动作将球投到篮筐里。

　　注意，教学目标及其之下的任务、活动的设计只是一个预期的最优的路径，课堂上到底能达到什么状况那还是由具体的教学场景决定的。赖格卢特在《教学设计是什么及为什么如是说》一文中指出："教学设计是一门涉及理解与改进教学过程的学科。任何设计活动的宗旨都是提出达到预期目的的最优途径，因此，教学设计主要是关于提出最优教学方法的处方的一门学科，这些最优的教学方法能使学生的知识和技能发生预期的变化。"教学设计中的任何元素只是预设，只是设计者对课堂教学的预估与计划。教学设计是关于提出最优教学方法的一门科学，对具体的教师而言，是在设计者所具备的认知、条件、技术、经验基础上寻找最优路径的一门学问。你的最优与我的最优是不一样的。但共同的指向是这些最优的路径是为了使学生的知识和技能发生预期的转变。这预期的转变，就是目的；哪些方面得到转变，则是目标。注意，是学生能够发生转变，而不是老师发生转变。

作为教师，我们必须认识到，教学目标不单单是从一堂课、一个单元、一册教材出发的，它的上面有学科课程的目标，更有教育目的统摄下的教育目标。如果只是从一堂课、一个单元、一册教材出发设定教学目标，教学是很难达成学科课程目标的，更是有可能偏离教育的目的的。这样的观点，我在前文一再提到。狭义地讲，我们平常所说的教学目标实质是指课堂教学目标。我们对教学目标的理解往往是与任务联系在一起的，我认为达成目标必须有任务驱动，我的这个认知更多的还是停留在驱动学生去"做"，而不是激发学生去"学"上。"目标应该集中在学习上，而不仅是集中在做上"，我的理解是，对任何人而言主动自觉地学是一种理想的境界，大多数情况下的学多少总是被动的。因此，必要的任务驱动是没有问题的，但如果没有学生的主动参与，教师设计的任务再完美也是徒劳的。"学"与"做"的重要区别在于：一个不单单是指向技能，更指向理解与反思总结，而另一个则更多地指向任务。或者说一个是主动的，一个是被动的。理解了这一点，我们或许就能进一步理解加涅所举的这个教学目标的意图了："给予电池、灯泡和插座以及几根电线（情境），用电线连接电池和插座（行动），检测灯泡是否发亮（限制），以此演示（行为表现或内容）电路的制作（对象）。"教学目标要指向学生的"学"，就要具体而明确，不仅要具有指向性，还要可操作、可评价，要能够让学习看得见。

总结一下，我是这样理解教学目标的：教学目标，既是教师教的出发点和终点，也是学生学的出发点和终点。从教师的角度来讲，是教学目标。从学生的角度来讲，是学习目标。从评价的角度来讲，还是考核评价的依据。考核评价有两个维度：教师的教，学生的学。我们看课就要看它的教学目标是什么、有哪些，为了达成这些目标设计了哪些教学任务（学习任务），师生做了哪些努力。然后，我们还要看一个目标也好，三个目标也好，这45分钟下来，达成度有多高。无论是新手教师还是成熟教师，无论是普通教师还是优秀教师，课上任何精彩的片段、环节，如果偏离了教学目标都是有问题的。反过来讲，有价值的教学设计与教学实践，往往总是有这样那样的问题的。

另外需要强调的是，优秀的教学设计者，总是会基于课标、教材、学生和教师个人的认知与经验乃至教学风格特点，以及现有的教学条件与课堂的实际状况，不断地平衡、修正与完善教学目标的。

┃ 教学目标设定的理论依据 ┃

理论上讲，教学目标设定的依据在哪里？加涅他们认为人们有五种学习结果：

（1）态度（attitude）。

（2）动作技能（motor skills）。

（3）言语信息（verbal information）。

（4）智力技能（intellectual skills）。智力技能由简单到复杂，由低级到高级又可分为辨别、概念、规则、高级规则四个亚类。

（5）认知策略（cognitive strategies）。学习者操纵管理自己学习过程的方式，是学生学会如何学习的核心成分。

这五种学习结果提醒我们，教学设计不单单是为帮助学生通过我们的教就能够通过这样那样的考试那么简单，而要求教师能根据学习结果的表述设计最佳的学习条件。

谈及教学目标的设计，有必要了解一下目标教学理论。布鲁姆"教育目标分类学"中将认知教育目标按由简单到复杂、由低级到高级的顺序，分成"识记、理解、应用、分析、评价、创造"六个层面的内容（见下页图）。也就是说，无论是教学目标，还是学习目标都要兼顾着六个层面。教学设计中对目标进行必要的分解，这分解就可能构成学生学习的具体任务。"你今天要学的就是运用三步投球的动作把球投到篮筐里"这样的目标，至少可以分解为"运球"与"投篮"的任务，要求高一点可能还会有"运球"与"投篮"过程中如何防止对方的拦截的任务。要完成"运球"的学习任务，就要有相应的学习活动，如模仿、练习等。当教师在学生的学习活动中发现某些问题时，则要布置相应的学习任务，如原地运球、运动中运球。

教学目标的设定要充分考虑学生的学习起点

心里有学生，教学才能有智慧。教学主要不就是教学生学吗？要教学生学，就要站在学生的立场去设定目标，设计

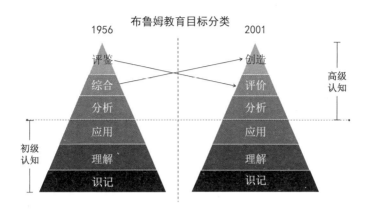

布鲁姆教育目标分类

任务，设计活动，设计流程，并根据课堂推进的状态采取相应的策略与方法，而不是凭自己的理解与好恶处理教材，设定目标。每个学生的知识水平与学习态度与品质决定了他的学习起点与学习结果，做教师的如果拔高或降低了学习的目标，随性地布置学习任务，无组织地开展教学活动，学生的学习效果是可想而知的。

从学生的实际情况明确教学目标，合理确定教学起点，设计与目标相关的学习任务，选择合适的教学形式与方法，科学安排教学活动，有序推进教学进度，考虑相应的评价反馈机制与方法，是教学设计必须解决的基本问题。对这些基本问题的回应，很难有什么具体的操作方式，更多地依赖于个人的教学理解与认知，有怎样的理解与认知，就有怎样的回应。而在教学中的实施，更多依赖的是教师的教学机智，或者说智慧。

我的认识是，教学起点至少有两个维度，一个是教师教的起点，一个是学生学的起点。实际的教学进程中，这两个维度往往不在一个频道上，教的起点属于预设的起点，学的起点是每个学生真实的起点，只有教师教的起点与学生学的起点汇集到同一个轨道上，教师的教才可能发挥最佳效应。教师只有在具体的教学进程中才可明白预设的起点是高还是低，也只有在教学推进中才有可能慢慢调整目标、改变策略与方法。企图将教学理念变成操作流程的想法是幼稚的，而将理念转化为行为则需要一个过程，一步步转变才是正道，如果谁能承诺某种理念能够"立竿见影"，一定是鬼话。

简言之，教学起点必须顺应学生的学习起点。学生学的起点在哪里，必须是教师在教学过程中不断琢磨的问题。这不仅需要智慧，更需要心中有学生。如果要说"以学生为中心"，这就是"以学生为中心"。

教学目标既然是学生学习要达到的基本要求，那么从学生实际的认知水平出发研判不同学生的学习起点就是教学目标设定的第一要务。我们认为普遍有效的方式是"前测"，通过"前测"了解学生的应知应会与实际的已知已会。"前测"，大致可以通过"复问、谈话、练习、游戏、检测"等方法进行。

进行新课之前，向学生提出几个与前不久或者过去学过的相关的富有启发性的问题，引起全班学生的回忆思考，通过个别回答、集体回答、同学之间相互纠错或补充修正、教师反馈评价完善，带动全体学生复习旧知识，明确这些知识与今天要学的内容之间的关系。这既是导入新课，也是对新课学习的"前测"。基于学生"现有发展水平"和"最近发展区"理论，设置一个开放性问题进行"前测"，摸清学生原有认知，构建新的未知领域，并从中摸索出新的课题。在复习回顾旧知的同时，也为新知的获取（概念转化）做好铺垫。这些都是建立在学生已有的知识和经验基础上的，过程自然、顺畅，由旧知联想到新知，水到渠成。同时，开放性问题的设置，也培养了学生思维的独创性、前瞻性和广阔性。

谈话法是一种基本的双向交流形式，一个教师能否与学生循循善诱地展开谈话，通过谈话了解学生的知识储备、学习水平与能力、学习兴趣等，进而在此基础上明了本堂课、本章节、本单元教学目标达成的起点在哪里，可以说是衡量一个教师专业水平的重要标准之一。如何通过谈话有效而便捷地了解学生的知识储备、学习水平与能力、学习兴趣等呢？我们以为首先要注意的是谈话要跟接下来的教学内容有关，要适合不同类型的学生，要因人而异（至少是要适合绝大多数学生的水平），其次要有一个明晰的谈话结果预期，第三要力求生动有趣。

检测，在复习课中用得比较多，新授课同样可以用。具体来说，检测是对前面所学比较全面的"练习"，不是对某个板块知识或者某个板块中的某核心问题掌握情况的全面检测，其目的依然是为了提醒学生意识到过去所学与今天所学的关系。从教的视角看，它可以帮助教师更精准地理解接下来要学习的内容的教学起点究竟如何设定。

教学目标的设定要用好教材上的"助学系统"

"助学系统"是教科书的重要组成部分，是教材编写者为了引导教师把握教材、帮助学生自主学习而提供的一系列辅助材料，主要包括编者语、使用说明、教材附录、单元（章节）导语、预习提示、注释、课后练习、图表、旁批等一系列具有导读性质的材料。"助学系统"中蕴藏着丰富的教学资源，如对学习内容、学习目标和学习方法的提示，对某些疑难问题的诠释和相关资料的引述等，在备课与实际教学中有着十分重要的提示作用与指导作用。

教学目标的设计是实现有效教学的基本保障，因为教学目标决定了教学内容的选择、教学策略的确定，以及具体的教学方法的运用甚至教具的使用。但是实际的课堂教学中往往是不可能完全按照事先设定的目标推进的，它需要根据教学的不断变化而做出适当的调整。

学习，说到底是学生的事。如前所说，不同的学生从"应知应会"到实际的"已知已会"的过程是不一样的，课堂教学实施过程中也会遇到许许多多不可预料的情况，因此，就要在教学过程中根据具体的教学情况调整教学目标，如提高、降低、改变等。前提是我们在预设教学目标时要有充分的预判。以初中数学"用假设法解决问题（工程问题）"的教学为例，我们可以从"面对与例题相同的问题情境，能正确解决问题；面对与例题相仿的问题情境，能正确解决问题；面对与例题相仿的问题情境，能判断两种不同的方法是否正确；面对与例题不同的问题情境，能正确解决问题；了解例题的结构特点，能根据一个算式创造不同的数学问题（故事）情境"等方面考虑不同的教学起点，这样在实际的教学中才可以及时调整教学目标。当然，也有许多情况是我们事先难以预料的，所以在具体的教学实践中教学的起点是要有所调整的。

2018 年 10 月 9 日我在济南章丘区刁镇中学借班上的一堂课中与学生一起探讨这堂课的学习目标时，就引导学生研究了教材中的"助学系统"，其详情下文会有介绍。

如何确定教学目标

前面已经说过，教学目标其实是由三个不同层面的目标构成的。基础自然是每一堂课的教学目标。比如教学《水调歌头·明月几时有》，相关词语的积累、对词人情感脉络的把握、能够有节奏有感情地朗读，就是这一堂课具体的教学目标，当然这些目标的背后是由课程目标支撑的。

2017 年版高中语文课标提出了语文学科"语言建构""思维发展""审美鉴赏""文化传承"四个方面的基本素养（课标称"核心素养"）。为培育学生这四个方面的素养，课标给语文学科确定了"语言积累与建构""语言表达与应用""语言梳理与整合""增强形象思维能力""发展逻辑思维""提升思维品质""增强对祖国语言文字的美感体验""鉴赏文学作品""美的表达与创造""传承中华文化""理解多样文化""关注、参与当代文化"等课程目标。那么，我们在设定每一个年级、每一册教材、每一个单元、每一篇课文、每一堂课的教学目标时就必须紧扣这些目标。

再往上，就是教育目的了。人类教育的目标是什么？使人成为一个个社会人，一个个有独立思考能力的人。

P·L·史密斯与T·J·雷根在《教学设计》中提醒我们，在设计课堂教学目标的时候，至少必须在课程目标框架里面思考，而不单单是从这册教材、这个单元的视角思考，更不能只是从这篇课文、这堂课的视角思考。从学习者的角度来讲，学习目标又有两个维度：一个是宏观学习目标，一个是微观学习目标。宏观学习目标是什么？宏观学习目标表述的示意图和打算，是学习者在教学结束后应该掌握的东西，这可以是一节课的目标、一个单元的目标或者一个课程的目标。我们可以这么理解宏观学习目标：课标规定的语文学科的四个方面的素养、12个具体的学科目标就是学生语文学科学习的宏观目标。微观学习目标是什么，或者说具体学习目标是什么？具体学习目标是对学习者完成部分学习后应该掌握的东西的陈述，对通过课堂教学这45分钟学生应该掌握的东西的陈述，比如能够有节奏地、带情感地朗读，它背后的课程目标或者教育目标（宏观目标），是通过课堂上的教学行为和布置的课后学习任务来达成的。

后文有我列举的《水调歌头·明月几时有》的教学片段，这个片段背后的目的，就是为学生自己确定学习目标提供支架与方法。我想，通过这样的讨论，学生们就可能明白，教材上的单元说明、预习要求，以及练习，甚至于一些注释，其实就是提醒我们，在读这课文的时候要思考的问题、要完成的任务，同时也有可能是帮助我们理解课文的一些背景资料。

"教学目标"如何陈述

加涅等人认为目标陈述要包含情境、学习的类型、行为表现的内容、可观察的行为、适用于行为的工具、限制或特殊条件。前面提到，关于电路的教学，教学目标就是这样陈述的：

给予电池、灯泡和插座以及几根电线（情境），用电线连接电池和插座（行动），检测灯泡是否发亮（限制），以此演示（行为表现或内容）电路的制作（对象）。

根据加涅等人的陈述，我的《变色龙》的教学目标是这样陈述的：

播放短片《人性》（情境），结合课文中围观者的表现分析（行动），透视奥楚蔑洛夫的行为表现（限制），联系现实生活（行为表现或内容）理解作者的本意（对象）。

关于《变色龙》的教学设计，感兴趣的可以看我的《将设计贯穿于课前、课中、课后——〈变色龙〉教学手记》一文。

P·L·史密斯与 T·J·雷根认为，设计者考虑"教学目标"从来不是单一的，一堂课的教学目标也不可能只有一个，即便是一个具体的目标，有可能它的背后还有人们看不到的潜在的目标。"宏观目标陈述的准确程度反映了应该学习的东西与需要评估中确定的问题相匹配的标准性。在许多情况下，摆在目标受众面前的是一个非常明确的目标：解决一个明确的问题或者缩小一点明显的差距；在另一些情况下，或许会有一系列的目标，同时也就会有一系列用以达到这些目标的教学。"目标之间是有关联的。目标也是需要分解的。大的目标，是要把它化解成一个一个具体的小的目标的。"你今天要学的就是运用三步投球动作把球投到篮筐里"至少可以分解为"运球""投篮""攻""防"等具体的目标（任务——目标应该是可拆解的任务）。这样，我们才可以去判断和评价学生学的状况。因此，"设计者除了要考虑目标是单一的还是多重的以外，还要考虑目标陈述本身的性质"。

这就是说，教学目标的陈述，在许多情况下，是要依据教学内容的性质明确教学目标的性质的。下面根据 P·L·史密斯与 T·J·雷根《教学设计》的观点，提供一些"教学目标"陈述样例，供同仁们参考：

知识学习目标：学习者能够将化学元素符号和它的名字进行匹配。学习了化学符号"Na"以后，看到这个符号就能说出它代表是"钠"。

概念学习目标：学习者能辨别轴对称图形并解释它。看到一个图形，能判断是不是轴对称图形，能够说出轴对称图形的特征，以及计算的公式与实际运算。

原理学习目标：通过手机屏幕上的设置键，学习者能完成手机的相关设置。买了新手机，找到设置键打开它，找到要用的软件并打开，不想用的则关闭。手机、电脑的设计是面向对象的，教学更应该这样。

程序学习目标：学习者能够知道如何把124.27和16.437这样的数相加使得到的总数为140.707。这个目标将两个数目相加的答案呈现给了学习者，意图是要学的不是得到"和"，而是怎么得到"和"的。

认知策略学习目标：学习者应用记忆术来学习音乐，根据主旋律来判断乐曲名称。这在综艺节目里经常会看到，放一首歌的一段主旋律，然后让听者说出来自哪首歌。

态度学习目标：学习者决定每天思考一个与学习有关的问题。态度决定行为，学习者如果决定每天思考一个与学习有关的问题，并且真正做到了，何愁他没有进步？

动作技能学习目标：学习者能规范而熟练地完成投球动作。怎么考核？看有没有犯规，能不能规范熟练地将球投出去，或投到篮筐里去。

加涅等人认为，告知学习者可能的学习结果，以及希望他所获得的成就，就可以激发学习者的学习兴趣，调动学习愿望。比如，我在《水调歌头·明月几时有》的教学设计中，设计了这样一个供讨论的问题——你觉得今天我们有必要学习古诗词吟哦吗？——就是指向激发学生学习古诗词兴趣的。学生有的认为有必要，因为这是祖国优秀的文化传统之一；还有学生认为可以不学，只要能够进入具体的情感状态，基于自己的理解朗读出来就够了。我们能说学生各自的观点对或错吗？不管学生的观点是什么，我设定的目标达成了：就是要带着情感去读，要对古诗的学习产生兴趣。注意，无论是加涅还是弗鲁姆，抑或是 P·L·史密斯与 T·J·雷根他们，都强调"教学目标"的重要指向是态度，是评价，是创新，不单单指向知识与能力。具体一堂课的"教学目标"是从课程目标、教育目标出发的。"教学目标"不能满足于学生所掌握的知识，更重要的是他们能够应用知识，如果再上一个台阶，便要求能够在这个基础上，有所创造，形成自己对问题的判断、对问题的思考和解决问题的路径和方法。当然这背后更重要的是一种品质——思维品质。

罗伯特·梅耶则对"教学目标"做了三个层面的分类：（1）对学习的最终行为和行动的描述。比如，加涅关于电路的学习的目标，就是对学习的最终行为和行动的描述："给予电池、灯泡和插座以及几根电线（情境），用电线连接电池和插座（行动），检测灯泡是否发亮（限制），以此演示（行为表现或内容）电路的制作（对象）。"会不会有不发亮的状况？会，正负极搞错了就不会亮，能发亮就是"学习的最终行为和行动"（目标）。至于电路的设计还要合理，还要经济，如果要画出来，还要规范、美观等，则不是这里的目标。（2）对动作表现的条件的描述。比如，关于投球的目标。（3）对达成标准的描述。比如看了个元素符号就能够说出名字来，灯泡能够发亮。目标分类在许多情况下，不是唯一的，明确的，许多时候是交叉的，侧重点不同而已。

那么，我对教学目标陈述的理解是怎样的？我对教学目标的陈述的理解就一句话：要明确而具体地陈述用什么，干

什么，干到什么程度。

最后说一说，教学目标为什么要让学生知道。按照珀金斯的观点，教学设计必须为学生提供清晰的信息，这清晰的信息就是"对目标、所需知识以及预期表现进行描述和举出例子"，因此，教学者必须为学生确认目标。当然，如果从巴纳锡教学设计应该是"置身其中的设计"的观点来看，为学生确定目标的过程必须有学生的参与，因为它既是教的出发点与归宿，又是学的出发点与归宿，还是考核评价的依据。如何让学生参与到教学目标的设定与陈述中来，我们这些教师任重而道远。

下面是我 2018 年 10 月 9 日在济南章丘区刁镇中学借班上的一堂课中与学生一起探讨这堂课的"学习目标"的课堂实录（人教版教材将苏轼的《水调歌头·明月几时有》安排在九年级上册的第三单元，是一篇自读课文）：

师：我们今天来学《水调歌头·明月几时有》这首词。请大家把书翻到本单元的单元说明，看看单元说明，我们来讨论一下，这堂课我们学什么、怎么学。来，一起把这段话读一读，学习这个单元：

生：（齐读）学习这个单元，要在理解课文内容的基础上，熟读成诵，积累、掌握课文中的文言实词和名言警句，并体会文言虚词在关联文义、传达语气等方面的作用。

师：请问，平时老师让不让我们读单元说明，要求不要求？

生：（齐）要求。

师：单元说明有什么用？（学生们在下面议论）巩垭轩，拿话筒。

巩垭轩：告诉我们，如何学习这一单元。

师：那么，这里有没有告诉我们？

巩垭轩：这里告诉我们这个单元要学习什么。

师：怎么学，学什么，你说说说看。

巩垭轩：要在理解课文内容的基础上，熟读成诵，积累、掌握课文中的文言实词和名言警句，并体会文言虚词在关联文义、传达语气等方面的作用。（教师根据学生的回应板演：熟读、词语）

师：同学们说对不对？

生：（齐）对。

师：好，请坐，很好。那我们再来看一下这篇课文的预习要求，一起读一下，预备——齐！

生：（齐）诵读课文，注意不同体裁诗歌的节奏和韵律特点。了解三首诗词的创作背景，初步读懂每首诗词的内容，体会作者的思想情感。

师：这预习要求告诉我们什么？解鸿宇。

解鸿宇：我们在学习这三首古诗词时应该注意的方面。

师：注意哪些？

解鸿宇：注意不同体裁诗歌的节奏和韵律特点，还要初步读懂每首诗词的内容，体会作者的思想感情。（教师根据学生的回应板演：节奏、情感）

师：是这么回事儿。我们再来看后面的探究要求，跟这首词有关的，是第三条，一起读一读好不好？预备——齐！

生：（齐）《水调歌头》这首词句句扣住"月"来写，情感多次起伏变化，在抑扬之间反复转换，有很强的感染力。有感情地朗读，结合具体词句，梳理作者情感的变化轨迹，说说其中表达了他对人生怎样的思考。

师：知道这是什么要求吗？有想说话的示意一下。孟繁彪，我就知道你想说。

孟繁彪：学习这篇课文需要懂的问题。

师：需要懂的什么问题？

孟繁彪：表达了他对人生怎样的思考。

师：还有吗？

孟繁彪：还有他情感的变化轨迹。（教师根据学生的回应板演：变化）

师：有没有要补充的？请坐，有没有同学要补充的？好，张菁菁。

张菁菁：这里面还说了这首词的特点。

师：这首词有什么特点呢？

张菁菁：句句扣住"月"来写，情感多次起伏变换，在抑扬之间反复转换，有很强的感染力。

师：有没有道理？有道理。好，请坐。同学们不错。那么我们现在来讨论讨论，我们今天这堂课学什么，怎么学？或者说，同学们到现在有没有明白，今天应该学什么，怎么学？赵世豪。

赵世豪：要学习作者的情感变化，还有这首词的韵律和节奏，以及这首词的感染力和作者对人生的思考。（教师根据学生的回应板演：月、感染力、学习目标）

至此，学生在"单元说明""预习要求""探究要求"的分析中慢慢找到了教材编写者对他们学习本文的要求，进而明白了这堂课的学习目标。我课前设定的目标就不是简单地、硬生生地塞给学生的了。

美国学者巴纳锡认为，教学设计应该是"置身其中的设计"。人的活动系统必须由那些处于其中的人、利用这些系统的人，以及这些系统所服务的人共同来设计。

17

"教学目标"为什么要
转化为"学习目标"

　　教育的目的、课程的目标，总是在一堂课一堂课的教学中达成的。然而，作为一堂具体的课，也一样会存在这样的状况：无论教师的预设如何周全，到了课堂上总是会有缺憾的。所以，教师设定的教学目标是要在教的过程中不断地调整与完善的，直至贴近具体的教学内容与具体的学习对象，尤其是要在与教学对象互动的过程中慢慢顺应学习者的实际状况后共同达成某种默契，使之转而成为学习者的"学习目标"。只有教师预设的"教学目标"转而成为学习者的"学习目标"，它才可能成为学生学的出发点与归宿，也才有可能成为学生自我评价的依据。任何一位过来者，多多少少总会有这样的经验：我们在一节又一节的课中教的知识很多，但学生的长进远远没有达到我们的预期。原因何在？我以为，可能是我们往往满足于教了，教过去就教过去了，后面没有跟进，没有强调运用。当时的课上得再好，其实也是无效的，或者说是低效的。学生呢，学是学了，但为什么学，学了有什么用，不甚了了。于是对所学，学生既没有真正的理解，又没有实际的运用，时间稍微长一点就完完全全丢了。

"教学目标"转而成为"学习目标"，知识才有可能转变为技能

教学不单单是教给学生知识和技能，学习也不单单是学知识和技能，此外还有应用，还要分析，还要能够综合，还要能够评价。以《水调歌头·明月几时有》的教学设计为例，教材在"思考探究"中给了学生一道题目（这个题目我以为就可以理解为教材规定的学习目标，也可以理解为教材规定的学习任务，有些时候，教学目标与学习任务是一致的，我们在组织学生学习的时候，就要想办法将"教"的目标变成学生"学"的目标）：

《水调歌头》这首词句句扣住"月"来写，情感多次起伏变化，在抑扬之间反复转换，有很强的感染力。有感情地朗读，结合具体词句，梳理作者情感的变化轨迹，说说其中表达了他对人生怎样的思考。

据此，我设计了这样一个学习任务：

阅读其他两首诗，试着说说这三首诗词有怎样的共同特点。

因为这一课，还有李白的《行路难》（其一）与刘禹锡的《酬乐天扬州初逢席上见赠》。在"思考探究"中教材给学生

的两道题目分别是：

《行路难》(其一)以浪漫的笔法书写了作者的人生感慨和精神追求。对此，你是怎么处理的？

《酬乐天扬州初逢席上见赠》的作者被贬官在外多年，回京路上怀想往事，展望将来，心绪难平又不乏刚健昂扬之气。这种复杂的情绪是通过哪些意象表现出来的？结合具体诗句加以分析。

这三首诗词放在一篇课文当中，教材的编写者是有目的的，仔细分析这"思考探究"题就会发现其指向是一致的。我们的教学设计可能是一首一首地去研究的，很少有意地去整合，去引导学生从三首不同作者的诗词当中求同存异，同中求异，异中求同。我们往往是没有这个意识的，为什么没有？因为我们欠缺系统的教学设计的理论。我一直强调要学点理论，原因就在于此。当然，我设计这样的学习任务还有一个考虑，那就是兼顾了《普通高中语文课程标准（2017 年版）》中提出来的任务群的学习要求。这背后就是我的课程目标意识。这意识，在我设计的另外两个学习任务中显得更为突出：

（1）有一部电影《明月几时有》，找机会看看，谈谈以"明月几时有"为题合适不？说说你的理由。

（2）搜索其他与《水调歌头·明月几时有》有关的信息，就你感兴趣的某个点写一篇研究性的文字。

其实，我在这堂课的相关教学环节中已经有意识地渗透了"群文阅读"的意识和探究性学习与批判性思考的理念。

需要说明的是，相比之下互联网生态下的教学，对学习者形成符合个体特质与需求的学习目标提供了技术支持，在某种程度上说，这是由互联网的开放性决定的。关于这一点，美国佐治亚大学迈克尔·汉纳芬教授等在《开放学习环境：基础、方法和模型》一文中说得比较明确："开放性，既指学习目标，也指追求目标的手段，或者同时指学习目标与手段。学习目标的制定取决于三种方法：（a）外部指定，将学习者浸润在某一个需要解决的问题中，比如，将一个虚拟人造卫星置于赤道上空与地球相对应位置不变的位置上；（b）外部诱导，比如，不需要向学习者指定某一个特定学习目标和表现任务，而将其浸润于诸如全球变暖这样的一个问题中；（c）独自生成，比如，学习者试图理解造成家庭成员健康问题的某个变因。尽管目标设计的方式不同，但都是基于个体自己建立理解的需要。个体基于自己独特的需要、认知和经验决定自己如何前进，区分未知与已知，识别支持学习可利用的资源，以及形成和验证个人信念。"也就是说，无论是外加的，还是自生的，其目标一定是指向学习者个体的。在具体的教学设计中，更有一个尊重个体差异的问题。我以为，无论教学借助还是不借助互联网技术，都需要有这样的认知，并在设计中有意识地关注差异。

教学目标是课堂反馈与评价的依据

斯普伦格在谈"巩固反馈"时说:"巩固反馈,指的是教师根据明确的教学目的与教学目标鼓励学生巩固所学知识的行为。当学生通过重编信息,掌握了概念性知识和程序性知识后,下一步就轮到学生给教师提供反馈了。简而言之,我们要问的是一个老生常谈的问题:'他们明白了吗?'如果没有的话,我们必须要知道他们哪里不明白,思考如何引导他们理解。""巩固反馈是教师对学生的学习成绩或他们为此付出的努力而给予语言性或象征性的奖励。反馈可以鼓励学生,加深他们对知识的理解。教师可以及时让学生知道他们的认知和理解是否正确,如果必要的话,教师还可以重塑学生的认知和理解,或重新授课。教师也可使用反馈,在学生的概念性知识转化为长时记忆之前,纠正学生对该知识的误解。""学习者能够借助反馈使自己的表现得以改善"。(玛丽莉·斯普伦格,《老师怎么教学生才记得住》)

为什么说教学目标是课堂反馈与评价的依据?关于这个论断,我们除了可以从加涅等人的教学设计理论中找到依据,还可以从马扎诺以及哈蒂的论述中找到依据。马扎诺认为:"有效的反馈,始于对学习目标进行清晰界定和明确传达。"哈蒂则认为:"要想提供有效的反馈,教师就必须清楚说明课程或活动的目标是什么,并确保学生理解如何反馈,并且能够从学生那里征求对于教师教学有效性的反馈。反馈的目标在于缩小学生现阶段和达成目标之间的差距。教师也需要了解课程伊始学生的状态，并清楚说明达成目标意味着什么。"

"反馈有多种不同的类型和渠道来源。学生可以从教师和同学，甚至是他们自己那里获得反馈。分数是反馈的一种形式，但是在对知识进行记忆的过程中，不适合给学生打分，因为学生尚未准备好进行测试，而且，此时给学生布置作业也为时过早，但是教师可以给予学生评价。如里克·斯蒂金斯所言，'在对于学习情况进行的形成性评估过程中，过于纠结成绩和各种测试的分数是没有作用的。相反，教师需要持续给学生提供描述性的反馈，告诉他们目前他们的表现怎么样，以及如何在下次有更好的表现'。"[哈蒂，《可见的学习（教师版）》]

简单地说，反馈的目的在帮助学生明白这堂课他要到哪里去，现在已经到了哪里，下一步要去哪里，怎么去。

18

教学理解
与教学设计

　　只要具备一点教学论知识和教学设计理论知识的都明白优秀教师一定是不会固守一种教学设计理论与教学方法的。即便自信如詹姆斯·M·朗这样的专家，也认为理解和实践他提出来的"轻教学"设计理念也要"根据实际情况做少许的改动和创新，这些活动就可以被运用到任何教学环境中，从大型课堂教学到小型研讨会，从面对面教学到网络教学或者任何形式的混合教学。这些活动以人类学习机制的基本原理为基础，所以适用于任何学科的任何教学内容，不论是教学生进行知识点或公式的记忆，还是提高他们的学习技能，或是教他们解决复杂的问题"（詹姆斯·M·朗，《如何设计教学细节：好课堂是设计出来的》）。我们需要提醒自己的是凡遇上大谈某一种教学设计和教学方法是最佳的、是可以完全复制的时，一定要保持高度的警惕。《这就是微学习》的两位作者说："一种学习方式需要明确的基本原理、有效的理论学说和实践研究来支撑，并且需要人们分析和评估其整个发展过程。"

"好的教学"是"设计"出来的

詹姆斯·M·朗在《如何设计教学细节：好课堂是设计出来的》中说他介绍的学习原理必须符合这样三个标准："第一，这些原理都要建立在研究学习机制的科学理论基础之上。""第二，这些学习原理必须尽可能对现实中的教育情况，产生积极的影响。这一标准是最难达到的。""第三，无论以何种方式，我必须亲身体验过这些原理，要么是在自己的教学或学习经历中去体验，要么就是通过直接观察其他人的教学或学习情况。也许有人会认为我过于谨慎，但必须让这些原理经过这最后的考验，这样我才能有十足的把握将它们推荐给在职教师。"我们貌似可以同样用这三个标准去衡量其他专家介绍或推广的教学理念和教学方法。任何一种教学理念和教学方法的有效性如何，一定是要在具体的教学实践过程中进行检验的，或者说是要亲历的，这亲历可能是我自己的课堂实践，也可能是我长期的课堂观察。作为学科教师，我更主张这亲历是我自己的课堂实践。譬如我主张的"遇物则诲、相机而教"就是我在几十年语文教学实践中慢慢想明白、做到位、说清楚的。而这些年提出的"目标导向、任务驱动、尊重差异、当堂进阶"则主要是在大量的课堂观察与课堂教学指导的过程中慢慢捋清楚的。这当中自然有相应的教学理论的指导。

我想说的是单元教学设计也好，大单元教学也罢，既是方法，更是理念。理念到实践的过程是漫长的，是要根据具体的情景应对的，是要不断地进行分析与评估的。就语文教学而言，单元教学设计与单元教学不失为一种选择，但要达成专家们预设的目标恐怕还是要以扎扎实实的单篇教学为基础。一个优秀的教师只有认识到不同的理念与方法之间的关联与细微的差异，才能在具体的教学实践中应对自如，更好地找到那个适合具体场景的教学策略与方法。大单元教学作为新课标倡导的教学理念和方法，如同其他教学理念与方法一样，"运用到教学内容设计实践中，先设计方案，然后再开展教学活动"。然而，这绝对不是唯一选择。即便是，这选择也是需要师生投入大量的时间慢慢地适应的，而不是听几堂报告，看几篇文章，翻几本书就能解决的。没有扎扎实实的单篇教学为基础的大单元教学有可能导致的是更多的一知半解与囫囵吞枣。我的观点是语文学科的大单元教学必须建立在单篇教学的基础上。

┃ 为什么必须设计教学流程 ┃

我这里说的流程，也可以理解为程序、步骤，甚至可以理解为进程。教学流程，对教师尤其是对新手教师而言，好比开汽车，先干什么，再干什么，一步一步总得有个基本的步骤，否则难免手忙脚乱。慢慢开久了，就有了常说的"车感"，课上久了，也就有了"课感"，才可能行云流水，应对自如。

我们需要认识到的就如《追求理解的教学设计》的作者

所言："真正的目标不是教，而是引发学。另一方面，很多老师认为自己对教学的即兴发挥非常合理，声称教学不需要进行全面规划，只有'顺其自然'才是以学生为中心。然而，在这些情况下，无论学生是否能够学到什么，都可能成为被动的受害者。在这种情况下，理解是通过好运气而非好设计获得的。"问题在许多时候被那句"教是为了不教"所误导了。

最早提出教学流程概念的恐怕是赫尔巴特的《普通教育学》。赫尔巴特以他的观念心理学为依据，分析专心与审视（思索）交替进行的智力活动过程，在此基础上提出了教学过程四阶段说。这四个阶段是：清楚、联想、系统和方法。清楚指获得对新材料感知的清楚性。联想指已经清楚了的观念与其他类型的许多个别的观念相结合，联合为一般的概念。系统是使联合起来的各种观念系统化，即寻找结论和规则。方法（又称应用）指通过练习将所学知识应用于新的场合。赫尔巴特认为，一切科目无论教什么，教材的每一个最小组合的教学，都要按这四个步骤进行。赫尔巴特的四段教学法，使原来难于把握的教学过程变得可操作起来。对此，杜威认为："赫尔巴特的伟大贡献在于使教学工作脱离陈规陋习和全凭偶然的领域。他把教学带进了有意识的方法的范围，使它成为具有特定目的和过程的有意识的事情，而不是一种偶然的灵感和屈从传统的混合物。而且，教学和训练的每一件事，都能明确规定，而不必满足于终极理想和思辨的精神符号等模糊的和多少带有神秘性质的一般原则。"不过赫尔巴特提出的教学流程实施起来难免机械，一不小心就可能固化为僵化的模式。上个世纪中叶凯洛夫的五环节教学法的问题也在这里。今天许多地方热衷的教学模式的问题同样在机械与僵化上。

我以为教学程序的设计，说得简单一点就是如何围绕教学目标将相关的学习任务与学习活动有条理地组织起来。其依据，大概有两个方面，一个是人的认知规律，一个是教学的基本规律。

从认知规律考虑，大致有这样三种方式：演绎的、归纳的和元认知的。所谓演绎，就是由概念、规律到具体应用；所谓归纳则是从现象到结论；而元认知则指学生对自己的认知过程及结果的有效监视及控制的策略，它控制着信息的流程，监控和指导认知过程的进行，包括计划策略、监控策略（注意策略）和调节策略。

需要强调的是，在实际教学中是不可能完全按照事先设计的程序推进的，实际的推进一定是会根据当时的学习状况调整的。但有一点必须明确，没有事前精心的设计，就不可能有课堂上的动态生成。

教学环境确实与教学效果有关系，理想的教学环境设计必须与具体的教学内容相匹配，必须有助于学生对某一内容的学习与理解，这背后不仅与教师的理念、能力、精力有关，还与学校的设备、资源、财力有关，当然更与学校管理者的及政府官员的价值取向有关。

好问题胜过好答案

提问是课堂教学中常用的方法之一，我以为也属于基本的教学策略。问题是，老师们很少去研究什么样的提问才是有教学意义的，更少有人去研究提问的有效性，我们听到看到的问题，大多数就不是问题，或者说是有问题的。在我看来，一个有教学意义的问题一定是与特定的教学内容与情景紧密相连的，最为重要的是它应该能够触发学生思考与探究。许许多多的问题应该是能找到答案或结论的，或许这些答案和结论不是唯一的，当然也不排除有的问题可能是没有答案与结论的，但那应该不属于教学意义上的问题。

讲授法是最基本的也是最有效的教学方法之一。之所以如此，还不是因为班级授课制与教学效率的制约？与其这改那改，还不如将气力花在如何讲授上，如何更好地将教材语言转化为学生能够接受的语言上，如果再能在如何向学生提问，如何激发学生的问题意识上花点心思，或许课堂的情形就不一样了。最低要求恐怕就是教师的提问对学生而言确实是一个具体的问题，是需要动动天尊的吧？稍微提高一点要求，是不是应该聚焦在核心内容上呢？再提高一点要求，是不是应该考虑兼顾到不同学生的认知起点呢？再提高一点要求，指向核心知识的问题是不是在一个序列上，有一定的层次（梯度），且在推进的过程中注意到将某个问题拆解成一个个具体的小问题，引发学生从不同的角度去思考呢？再不济，是不是应该提醒自己少一点自问自答，少一些学生的齐答呢？

由"学生立场"转换到"学生视角"还真不是一件容易的事，你一个问题抛出来，他们是很难跳出成人视角去思考的，于是不理解不接受的情况与情绪就出现了，这时候就得变"上课"为"讲座"。所谓"学生立场"，需要教师通过学习观察与研究努力发现和理解学生看待世界与思考问题的意义，理解他们学习生活的方式，如此，才能理解学生是如何积极主动地构建自己认知体系与生活方式的。"学生视角"意味着教师要"了解"并"理解"学生，对学生移情式地理解，那么在扮演学生角色时才可能有比较准确的"代入"，才可以在后续的教学设计与教学实施中从学生立场出发，以学生视角看世界，看问题。

角色扮演意味着我们得变回学生，否则就不可能有"学生立场"与"学生视角"。从这个意义上一想，似乎觉得让教师有一些扮演学生的机会，或许可以帮助他们慢慢理解"学生立场"与"学生视角"。

那么怎样的问题才是问题呢？翻麦克·格尔森的《如何在课堂上提问：好问题胜过好答案》颇有启发。这是一本我所看到的最为详尽的关于课堂上如何提问的专著。麦克·格尔森在这本书的开篇指出，一个问题应该具备以下五个特征：（1）在书面语中，通常以问号结束。在口语中，有明显的语调变化。（2）提问的目的在于引发回答。（3）使用一个或多个引导词，引导受众回答问题。（4）隐含的命令意味（换句话说，就是要求对方必须回应）。（5）期待得到回答。麦克·格尔森说："比如教材中提出的问题，作者的意图是想让读者对这些问题进行思考，而读者很有可能在脑海中思索了这些问题的答案，但并没有给出口头的回答。""期待得到回答和引发回答，这两个特征是紧密相连的。这两者都指向了一个事实，那就是通过问题我们可以了解别人的想法。"接下来这本书介绍了 15 个有效提问的技巧与策略，还介绍了 20 种提问的高效活动。尽管我以为用不到这么多的技巧与策略，更难说能不能高效，但不要说作为一名教师，就是非教师，读读这样的书，至少可以明白怎样的问题才是问题，而不至于埋怨对方没听明白你的问题。

为什么一个问题抛出来后要留给学生一定的时间思考，而不要急于要求学生回答？我的基本认识是，如果一个问题抛出来学生就能回答，那就不是问题，或者说就是个不应该问的问题。既然是问题，对任何人而言就是需要花时间思考的，不论难度如何。

每个人的知识储备与思考能力决定了他们提取信息的时间长短不一样，这不一样就决定了其推论所需时间的不一样，所以，必须给他们充分思考的时间。从另一个角度来说，如果总是在学生没有进行深入思考的情况下就让学生回答，久而久之必然会助长学生草率表达与行事的不习惯。

关于这一点，玛丽莉·斯普伦格在《老师怎么教学生才能记得住》中有这样的建议："教师等待学生回答低难度问题的时间会短一些，等待学生回答高难度问题的时间则可能会长达 5 ~ 10 分钟。""对已经想出答案的学生，教师可以点头表示认可，但不要因此而打断其他学生的思考时间，要给学生足够的时间来思考问题。教室里过于安静，可能令人感觉不自在，这个时候教师可以计时，或看看手表，也可以观察一下学生的表情，如果他们露出'恍然大悟'的表情，就可以暂停时间了。"

玛丽莉·斯普伦格关于"如果学生回答正确，教师不用急于给出点评，也不需口头表扬学生，教师只需简单说声'谢谢'就好"的建议给我的启发是，并不是对每一位学生的回答都要做详尽的点评的，这就是我理解的所谓反馈与评价的多元化。

许多时候并不是学生不回答我们的问题，而是我们提的问题出了"问题"。譬如，有教师问学生《少年闰土》中写了几个画面，有学生说有个闰土回家的画面，教师对此就没有很好地回应，而是将学生拉到教学设计中的三个画面中去了。每每遇到这类场景，我就会感慨，许多素质不错的教师与有效而精彩的教学不过一步之遥，但真要越过这一步，则可能有万里之长，这里涉及的问题是多方面的。有教师对教材的理解的问题，也有问题设计的问题，更有教学设计的出发点的问题。

从文本理解的角度来看，"闰土回家"确实是个画面，只不过作者就一笔带过，属于简单的交代。这背后不仅涉及写作手法，还涉及写作意图。当然，对六年级的孩子而言没必要设计得这么深，但课堂上学生既然谈到了，这就是一个很好的生成的机会，就要有相应的生成性的教学举措。

就问题的设计而言，《追求理解的教学设计》有这样一段文字或许对我们有些启发："几乎每个人都有这样的经历，当问题以一种方式提出时，我们不知如何回答……而当以另一种方式提出时，我们会感到回答起来相当容易。这种情况在关于杜威的故事里得到了清楚的说明与验证。在这个故事里，杜威问全班学生：'如果在地球上挖一个洞，你们会发现什么？'没有人回答，他又问了一遍，教室里还是一片沉默。教师打断杜威教授：'你的问法不对。'她转向全班学生，问道：'地心的状态是什么？'全班学生一致回答：'岩浆。'"如果问题改为课文详细写了哪些画面，或许学生就不会回答"闰土回家"的画面了。

出现这样的问题，其实是教学设计的立场使然。我们在很多教师身上看到的只是出于教师立场的设计，缺失的是学生的立场，要将教师教转到指导学生学上来，背后是观念，是对教学的认知与理解，这个转变是有一定的困难的。有一回我凌晨三点到达讲课的目的地，上午八点讲到十一点，下午两点到五点还有课，主办方中午一点要将我拉到几里外的一个特色面馆吃一下这个地区的非遗特色面，盛情难却只好去了。其实我最希望的是简单吃个快餐，然后补一觉，下午继续上课。这就是"教师立场"与"学生立场"的悖论，也是我常讲的教师的儿童立场与儿童立场的差异。所以我说，从教师立场到学生立场可能有万里之长。理解教学不是一件容易的事，不可能一蹴而就，还是要读点书，关于教学设计与教学原理的，关于脑神经科学的。有人说"理解就是改变，就是超越自己"。读书可能是改变与超越的路径之一，当然前提是要理解所读的那些理论与建议。

19

为什么要由教案设计
走向教学设计

　　关于备课，有人主张计划到每一分钟（换个说法就是"教案"要写"详案"），刚做教师的时候我也是这么做的。我以为这对一名新教师来说，也是必需的，尽管课堂上的情形是千变万化的，但如果我们能围绕教学目标展开教学活动的话，还是可以将学生的注意力拉到当下的学习活动中来的。问题是，有些成熟教师甚至是人们追捧的名师，依然习惯于计划到每一分钟，就会慢慢进入不着痕迹的精致的控制了，我以为那是十分可怕的，越是不着痕迹越可怕，控制的技术一旦炉火纯青，长此以往他们教出来的学生会是怎样的状况呢？真的不敢想象。

　　"备什么"是前提，"怎么备"是形式，"为谁备"是目的，"要什么"是结果。"怎么备"，形式不是最重要的，但是没有形式，内容如何呈现，目标如何达成（教学的路径、策略、方法、手段等），效果又将如何？所以说，在某种程度上，对新手教师而言，甚至对大多数学校而言，"怎么备"则是必须正视的问题。尽管我主持二甲中学工作的时候，也曾倡导过"学教案"，但原则是不主张所有的教师每一堂课都要设计"学教案","学教案"只不过是助教、助学的一种工具，或者说是形式而已。对于具体的教师而言，绝不是照搬"学教案"，要使用备课组讨论编制的"学教案"组织教学，必须从自己与学生的实际出发进行"二次备课"。换个说法就是至少教师必须思考与设计"学教案"如何在自己的课堂上具体实施的问题，也就是还得自己写个方案，至于怎么写、写在哪里可以因人而异，但从学校管理的立场出发，总要有个基本的要求。

"导学案""学教案""活动导学单""学历案"不能完全代替"教案"（或者说"教学设计"），就如我们设计的课件一样，这些充其量只是"教案"一个组成部分而已，绝不可以部分替代全部。

理查德·费曼有一个做事原则，"那就是我没有义务去成全别人对我的期望"。是的，我能做什么只有我明白，我想做什么也只是我个人的事，谁也左右不了我，反过来想一想，我也左右不了其他任何人。一个人有一个人的天赋与兴趣，做教师的责任就在努力发现学生的天赋与培养他们的兴趣。我们的问题就如《学习的升级》的作者所言："教育者会根据自己的主观臆断来判断学生的能力，从而限制了他们的潜力，教育者没有给孩子们创造条件，让他们得以展示自己的潜力。"教学设计中的许多预设的问题就在我们的所谓学情判断往往只是主观臆测的，只不过手段高明的教师在课堂上的表现是天衣无缝、不露声色的。

作为教师，我们如果意识到对学情的了解是有限的话，那在备课时可以采取的策略就是从不同的维度多一些考虑，一方面要相信自己的学生能达到更高的目标，不然就难免教得"肤浅"，另一方面还要考虑到部分学生原本的"应知应会"与实际上"未知未会"的状况，以避免教得"深奥"。如果我们在备课时做了充分的考虑，那么无论出现哪种情况，我们总是可以应对的。不要忘了"你可能是学生人生当中唯一一个真正相信他们可以达到高水平的人"。

首先要解决的还是备课问题与书写教案的问题，任何一个教师如果没有一个严谨周密的教案，是不可能将课上好的。备课就是《学校管理最重要的48件事》中提到的一件重要的事，因为没有一个很好的课堂教学计划（就是我们说的教案）"根本就不可能带给学生一个生动而活跃的课堂"，我以为是有道理的。我所看到的不少老师课堂教学之所以了无生趣，一个重要的原因就是没有好好备课，当然更没有认真书写教案，共同的特点就是用现成的资料，一题一题地同学生讲过去，连简单的拼接组合都没有。"积极主动地写好每一堂课的课堂计划，远远比在每堂课来临之前你迫于教学压力不得不做计划或者不得不做更多的计划要好得多！"改善教学还是要从正确看待备课与书写教案开始……

我在不少分享中谈到了要不要写教案与教案写在哪里，用什么形式写的问题。我的基本立场是一个负责任的教师一定是会认真书写教案的，而且他是不会将教案写在课本上的，课本上的书写主要是阅读教材时的一些批注（即时的发现、思考、问题或者一些预想），但这些往往是不系统的，零碎的。教案说白了就是课堂教学的计划以及实现计划的一些举措的预设。借用安奈特·布鲁肖与托德·威特克尔《从优秀教师到卓越教师》中的话来说就是："要想上好一堂优秀的课就必须有一个详细而周密的课堂计划，他们在精心准备一个优秀的课堂计划时会考虑很多的因素，下面的这个清单中包含了这些有效的因素：确定这堂课的目的。确定说服学生的方法，让学生相信这堂课所教的知识和技能与他们的生活密不可分。确定让学生融入课堂的活动。确定教学中需要用到的工具和材料。确定向学生示范新技能的方法。确定检验这堂课是否成功的方法。确定在学生不能很好地掌握这堂课所教的新知识和技能时，助学生更好地理解它们的方法。""请仔细看看这个清单上的内容，然后对比一下以前自己在写课堂计划时的思路，并认真思考它们之间的差别，这将有助于你改善自己的课堂计划。切记，不要忽略上述清单中的任何一个因素，不仅如此，你还应该根据自己的课堂实践，随时添加一些适合你的实际情况的因素。"

至于教案是纸质的还是电子版的，不必纠结。智能化时代拒绝电子备课显然与这个时代格格不入。但无论用什么形式，都必须认识到："如果没有一个优秀的课堂计划，你根本就不可能带给学生一个生动而活跃的课堂，所以请记住：积极主动地写好每一堂课的课堂计划，远远比在每堂课来临之前你迫于教学压力不得不做计划或者不得不做更多的计划要好得多！"而要做到这一点，教材上的空白处恐怕是不够的。

一个教师对要不要备课与教案书写都想不明白，何谈专业发展？

20

"LOTIAR"教学设计框架
与教学实施

　　教学设计是建立在对课程标准及教材充分理解基础上的，既是一门科学，也是一门艺术。它需要教师深入理解课程内容和学习者特性，创新性地设计教学活动并灵活应用教学策略。科学的一面主要体现在教学设计需要基于有效的教育理论与研究，尽可能地做到有序、系统、目标明确和评价明确。艺术的一面主要体现在教学设计需要教师具备高度的敏感度和创新思维，去发现和应对教学过程中的各种情况，灵活调整教学方式，以维持学习的动态过程。比如，如何设计一个活泼而引人入胜的课堂活动，如何在不同学生间保持平衡以满足他们各自的学习需求，如何以最适合学生理解的方式呈现复杂和抽象的知识等。

　　教学设计的最终目标是优化学生学习体验并促进学习效果的最大化。因此。教师需要时刻关注并回应学生的学习需求，检验并调整自己的教学设计以实现最佳教学效果。

　　良好的教学设计不仅要有明确的目标，还要有明确的路径和过程。教学设计的目标是确定学生学习的预期成果，这包括学生需要获得的知识、技能、态度或价值观等。通过的路径和过程是指教学设计的具体步骤，如教学活动的组织，教学材料的选择，教学评估的方式等。

良好的教学设计也让教师能够明确认识到所有学生都是独特的，每个人有不同的学习风格和进度。因此，有效的教学设计需要尊重学生的个性差异，并因材施教。

教学设计的关键原则为教师提供了一个框架，帮助他们进行有效的教学。首先，学习者为中心的原则强调教学设计应该关注学生的需求和兴趣，而不仅仅是教学内容。其次，目标导向的原则让教师能够更有针对性地进行教学活动安排，明确要达成的学习目标。第三，反馈和调整的原则要求教师根据教学过程中的反馈对教学活动进行微调，以满足学生的学习需求。第四，应用学习理论的原则强调教师应运用诸如认知行为理论、建构主义理论等学习理论指导教学活动的设计。最后，提高教学效率的原则要求教师注意提高教学的效率，以提升学生的学习成绩。

综合各种教学设计理论，我觉得教学设计的主要元素包括这样几个方面：学习者分析（Learner Analysis）、目标定义（Learning Objective）、任务分解（Task Decomposition）、教学方法与策略（Instructional Method and Strategy）、评估与反馈（Assessment and Feedback）和反思优化（Reflect Optimization）。这个框架为学习过程提供了一个系统化、有组织的思考和操作模式。

我姑且将这个框架称为"LOTIAR"框架。这个框架试图为教学设计提供一种科学、系统、实用且有效的模型,这个框架强调在课前进行学习者分析以了解学生的需求,定义明确的学习目标以对教学活动进行指导。它大致涵盖教学设计的全过程,从规划到执行,再到检查和改进,不仅可以帮助教师在课前做好准备,也可以在课程进行中和课程结束反馈情况后,提供改进的方向和策略。"LOIAR"也可以是"Life Offers Interesting Adventures Regularly"的首字母缩略词,意思是"生活经常提供有趣的冒险",这是一个很好的生活和教育哲理,也是对"教育即生活"的一种解释。它鼓励学习者积极面对学习生活中的挑战,将每一次经历都看作是一次学习和成长的机会。这种乐观和积极的态度对人的个性发展和教育成就都有重要影响。

1. 学习者分析:是指对学习者的各项特征进行全面、深入的了解和研究,以便更好地指导教学活动。在进行初中生学习方程式的学习者分析时,可能需要考虑以下几个方面:

(1)学习者的先验知识:学习者在学习方程式前,已经掌握了多少相关的数学知识?他们是否了解变量、常量、运算规则等基础概念?

(2)学习者的学习能力:学习者的思维逻辑、抽象能力、推理能力、计算能力如何?他们在处理数学问题时,是否能独立思考,有效解决问题?

(3)学习者的学习风格:学习者在学习新知识时,更倾向于使用哪种学习策略?他们可以通过教师示范、自主尝试、小组讨论、实践操作等方式来学习新知识。

（4）学习者的学习兴趣和动机：学习者对学习方程式是否感兴趣？他们学习的动机是什么？是出于兴趣，还是出于应试？

（5）学习者的背景信息：学习者的年龄、性别、爱好、家庭背景等信息，也可能影响他们的学习行为和成绩。

这些信息可以通过观察、测试、谈话等方式获取，以有针对性地设计教学方案和活动。

2. 目标定义：明确教学的目标，是教学设计的关键。基于对学生的理解，设置整体教学目标——明确的学习结果，以便教师和学生都能明确知道课程的预期成果。所有的教学活动都应以达成这些目标为导向。譬如，初中生学习方程式可以设定以下几个可能的学习目标：

（1）知识理解：初中生能理解和熟悉方程、方程的解、等式的性质等相关概念。

（2）技能掌握：初中生能熟练掌握解一元一次方程、一元二次方程等基本方程的方法和技巧。

（3）高阶思维：初中生能应用方程来解决实际问题，展示理解和推理能力。

（4）积极态度：初中生对学习方程存在积极的态度，理解其在实际生活和学习中的重要性。

将这些目标明确地呈现给学生，可以帮助他们理解接下来课程中学习的内容，以及设计安排的原因。同时，教师也可以根据这些目标来规划教学活动，评估学生的学习进度，以及调整教学的策略和方法。

3. 任务分解：将教学目标分解为一系列的学习任务，并在实际教学中进行操作和实践。譬如，初中生学习方程式可以分解为以下任务：

（1）学习和理解方程式的基本概念和定义。这可能涉及课堂讲解，或者通过播放教育视频等方式让学生了解方程式的基本含义。在这个阶段，学生还需要学习识别和构造简单的方程式。

（2）学习和练习如何解方程式。这个阶段可能包括教师的示范、学生自我练习以及学生间或教师和学生间的讨论。主要目的是让学生熟练掌握解方程式的技巧和步骤。

（3）学习和理解高级方程式和方程组。在熟练掌握简单方程式之后，学生可以开始接触更复杂的方程式，如二次方程和线性方程组。

（4）高阶思维与应用——将所学知识应用到实际问题中去。这个阶段通常是一系列的项目或案例研究，让学生展示他们如何使用所学方程式知识来解决实际问题。这不仅可以帮助他们更好地理解方程式的实际用途，也可以提高他们的问题解决能力。

（5）反馈和评估——教师可以通过测试和评估确定学生是否已经掌握了学习目标。同时，可以通过反馈让学生知道他们的进步和需要改进的地方。

……

这样的任务分解的方式可以帮助教师明确教学步骤，使教学过程更有条理，便于学生一步步掌握新知识。

4. 教学方法与策略：根据教学目标和学生情况，选择合适的教学方法和策略。如讲授型教学、探索式学习、问题链教学、合作式学习等，以引导学生有效地完成每个任务，进而达成教学目标。针对初中生学习方程式，可以考虑的可能的教学方法和策略有：

（1）讲授型教学：在教授方程式的基本概念和操作步骤时，教师可以使用讲授型教学的方法。这种方法通常由教师主导，利用讲解、演示和示例来传授知识和技能。此外，讲授型教学可以配合使用工作表或练习题来让学生练习和巩固所学内容。

（2）探索式学习：在教授复杂或者抽象的概念时，如二次方程或者模型化问题，可以采用探索学习的方法。教师可以设计一些开放性的问题或任务，让学生通过自我探索找出解决问题的方法。这样不仅可以激发学生的思考和创新能力，也能让他们更好地理解和掌握知识。

（3）问题链教学：学习方程式的实际运用时，问题链教学是一个很好的方法。教师可以设计一些与生活实际相关的问题，要求学生运用所学的方程式知识来解决。这一过程会让学生更加领悟到数学知识的实际价值。

（4）合作式学习：学生可以在学习解方程和方程应用等任务时通过小组合作来完成。合作式学习可以促进学生的交际能力，提高他们的团队协作能力，也有助于他们通过互帮互助来解决问题。

......

在选择教学方法和策略时，教师需要考虑学生的学习需求和特点，以及所教授的内容特性，以保证教学有效性。

5. 评估与反馈：根据教学目标设计评估方式，以便教学中为学生的达标（理解和掌握所学知识及技能形成）提供及时有效的反馈，帮助师生了解学习进度，验证教学方案的有效性，并在必要时调整学习策略。这一学习环节的评估与反馈可以采取以下一些方式：

（1）设计小测试：在学习的各个阶段，例如学习了一种新的解方程方法后，可以设计一些小测试，让学生在课堂上或课后完成。这些测试不仅可以检查学生对新知识的掌握程度，还可以帮助他们巩固所学。

（2）及时答疑：在学生学习新知识时难免会遇到问题，在这种情况下，教师要及时回答学生的问题，帮助他们解决学习上的困扰。

（3）进行反馈讨论：将学生分成小组，让他们相互讨论自己在学习方程式这一任务中遇到的问题和取得的进步，教师在此基础上做出评价，同时让学生自我反思及对同伴的成绩进行评价。

（4）设计项目任务：例如，设计一个需要解方程来求解的实际问题，让学生在解决问题的过程中运用所学的知识。

（5）形成性评估：这种评估不仅考察学生的最终结果，更关注他们的思考过程。譬如，教师可以让学生解释他们是如何解决方程的，为什么他们认为这个解是正确的。

（6）课堂观察：教师在教学过程中需要观察学生的行为，

包括他们的注意力集中度、参与程度和他们对新知识的理解程度。

这些评估反馈方式有助于教师及时调整教学策略，实现教学目标，同时也能帮助学生明了自己的学习进度，发现并解决自身的学习难题。

6. 反思优化：教学中教师需要基于反馈结果进行必要的教学调整和优化，以更好地满足教学目标和提高教学效果。课后要对整个教学过程进行反思，总结经验，以期在下一轮教学设计和实施中进行优化。对教学反思和优化的步骤可能包括：

（1）检查教学目标是否达成：基于学生的学习成果，教师能够了解他们是否理解并掌握了方程式的基本概念和解法，如果有达标情况不理想的地方，教师需对未达标原因进行分析。

（2）对教学方法进行反思：教师需要思考使用的教学方法是否有效，例如讲授型教学、探索式学习、问题链教学、合作式学习，明确哪些方法在当前环节中运行良好，哪些可能需要改进。

（3）检查评估方法是否恰当：评估方法应与教学目标和内容相符合，能够准确地测量学生的学习进度和理解程度。如果发现评估方法无法反映学生的实际学习情况，可能需对评估方法进行调整。

（4）思考如何改进课堂管理：例如按时开始和结束，提高学生的参与程度，保持良好的课堂纪律等。

（5）总结经验教训，利用好教学日志、笔记、反思与观察的结果，并根据这些反馈信息，调整以后的教学策略和活动。

（6）寻求他人的反馈：教师可以找同行或者有经验的教育专家讨论自己的教学方法，获取他们的反馈，以此优化自己的教学。

尊重个体差异，相应地调整教学策略，例如，如果发现有些学生在解决方程式时苦不堪言，可能说明需要设计更灵活的教学活动或更多的辅导时间。

这种稳步的反思和优化可以确保教学活动保持有效性，并能最大限度地满足学生的学习需求。

"LOTIAR"框架将学习者分析作为教学设计的首要步骤，为后续的步骤如目标定义、任务分解、选择教学策略等提供了必要的基础信息。在实际操作中，"LOTIAR"框架可以帮助教师更好地设计和优化教学方案，也可以为学生提供清晰有效的学习过程引导，有助于提高学生的学习效果和学习满意度。同时，特别强调在教学实施过程中不断地评估、反馈和反思，更好地调整优化教学方案，从而提高教学效率和质量。

需要强调的是，学习者分析是教学设计的起点，它要求教师充分理解学生的背景、知识水平、学习兴趣和需求，这是确保教学方案既实际又有效的基础。目标定义为的是明确教学过程的方向和终点，它是教师教和学生学的行动指南，有助于提升教学效果。评估与反馈是教学过程中的调整和修正，及时、有效的评估和反馈能让教师知晓学生的学习情况，同时也给学生提供了进步的反馈，这对教学方案的调整与优化至关重要。反思优化则代表了教学应当是一个持续迭代和完善的过程，基于评估的结果对教学进行反思，然后进行调整和优化，更好地满足学生的学习需求，提高教学质量。

课前的评估分析为的是明确目标，分解任务，思考达成目标完成任务所需要的活动与策略。课中，根据具体的情形采用恰当的教学方法与策略推动学生完成任务，实现教学目标，教学过程中的评估和反馈的目的是对学习效果进行检查，并为教学改进提供指导。课后的方案修订则是对整个教学过程的反思和调整，为以后的教学获得更好的效果提供更为优化的方案。（如下页图所示）

这个框架为教学设计提供了一个基本的、可迭代的流程，帮助教师更科学和系统地进行教学的设计和实施。也就是我说的教学设计必须贯穿于课前、课中、课后。在这个过程中，教师不仅在课前做好充分的准备，而且要凭相应的教学智慧在课中根据学生的反馈和自己的观察不断调整教学，课后通过系统的反思和调整设计，保证教学的连贯性和效果。

从大的教学设计框架到具体的教学策略与技巧，教师应始终关注学生的需求，调整和优化教学设计以更好地服务学生的学习，达成教学目标；对成效进行持续性评估，反馈学习结果，以用科学的方式提升教学效果；使教学不再是一个单一且静态的过程，而是一个动态、互动且持续进行优化的过程。

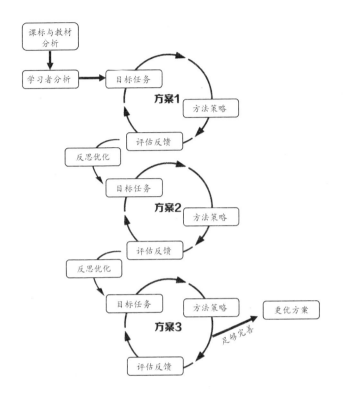

与之相匹配的"LOTIAR"也可以是一个教学模型，分别为引入（Lead-in）、学习（Learn）、尝试（Try）、实施（Implement）、观察（Observe）、评估（Assess）、反思（Reflect）。这个模型在方程式学习中可以这样应用：

引入：教师开始引入方程式的概念，解释其底层的数学原理，或者给出一些生活中的例子来帮助学生理解方程式的作用和重要性。

学习：教师展示一个或两个实例方程，解释解决步骤和策略，同时可以使用多媒体工具（如动画或视频）来帮助学生更好地理解掌握。

尝试：在教师解释后，学生首次尝试亲自解决一些练习方程。在这个阶段，教师应仔细监督，以便在学生遇到困难或错误时提供反馈和引导。

实施：学生独立解决更多的方程式，此时他们应已掌握方程的主要概念和解决方案。学生可以开始应用这些知识去解决一些更具挑战性的问题。

观察：教师在此阶段需要观察学生的学习进度，包括他们解题的准确性、方法的正确性等，进而对学生的学习状况进行评估。

评估：评估学生成绩一般是通过测试和练习。这不仅可以评估学生的理解程度，也可以评估教学方法是否有效。

反思：基于评估结果，老师和学生都要反思学习过程中的差距和问题，比如是哪些概念比较难理解，或者哪种类型的题型更容易出错误，进而调整学习或教学策略。

以上模型同样是一个迭代的学习过程，在实际操作中可以根据具体情况进行多次的"LOTIAR"循环，以逐步提高学习效果。它鼓励教师和学生反复通过引入、学习、尝试、观察、实施、评估和反思这些方式提高教与学的效果。教学中，具体操作步骤可以根据学生的实际水平和课堂情况略做调整。例如，如果学生在尝试阶段遇到困难，可以回到学习阶段再次讲解；在实施阶段，可以适时增加挑战和复杂度；在反思阶段，可以对所有环节进行总结和改进。而观察与评估则贯穿于整个学习进程中。这样的教学模型对于促进学生主动学习、批判性思考和问题解决能力的提高会有实实在在的帮助。

"LOTIAR"提供了一种理解教学设计和学习的过程的方式，即教学设计不仅可以是一种技术过程，也可以是一种生活实践和自我发现的过程。"LOTIAR"不仅仅是一种教学设计框架，更是一种教育哲学和生活态度。

21

教学理解
与课堂观察

　　法国社会学家、教育社会学创始人涂尔干认为，一切教育学进行思考和研究的首要前提是，教育在起源上和功能上都明显是一种社会活动。与其他科学相比，教育学研究应该更紧密地依赖于社会学。教育不仅仅是一种个人行为，它更主要的是一种社会活动，因此，教育研究更多地应该借鉴社会学研究的方法，如调查的方法。调查的方法不外乎定量的方法与定性的方法。定量的方法可以用于测量教师的年龄、教育水平，学校的人数、设备，一个区域的一类学校的入学率、升学率等数据。有可能的话，社会学研究一定会用数据来说话。但因为教育活动更多的是人的活动，人的活动有许多是不可能用数据来衡量的，这就要用到定性的方法，运用比较准的语言来描述诸如相关的教学事件、个案，而不是进行数据的统计、数量的测量。调查研究的基本方法，用德国著名社会学家、政治学家、经济学家、哲学家马克斯·韦伯的观点来说，就是所有的社会研究均始于观察、终于观察。教学研究自然也不例外。

课堂观察是什么

一般而言，人们所说的课堂观察，是指研究者或观察者带着明确的目的，凭借自身感官（视觉、听觉、感觉等）以及有关辅助工具（观察量表、录音录像设备等），直接或间接从课堂情境中收集资料，并研究资料的一种方法。显然，课堂观察并不能直接观察到看不见、摸不着的内在机理（师生的心理变化、教师的教学认知与教学理解等），但观察者可以收集相关证据（具体的数据、具体的教学事件等），通过对这些证据的分析来透视教与学行为背后可能的教学认知、教学态度。

需要引起观察者重视的问题就是如何处理好"定量"与"定性"的关系，我们要意识到这两者之间应该是相辅相成、互为佐证的，如果存在巨大的偏离，那就一定要花气力找到发生这种偏离的原因在哪里。

为什么要进行课堂观察

奥苏伯尔在《教育心理学——认知观点》中说："假如让我把全部教育心理学仅仅归结为一条原理的话，那么，我将一言以蔽之：影响学习最重要的因素，就是学习者已经知道了什么。要探明这一点，并应据此进行教学。"实际的情况就如那句耳熟能详的"当局者迷，旁观者清"所言，我们在许多时候是看不清自己的问题所在的，因此必须借助他者的视角。

从教学改善的需要看，影响教师教学质量的最重要因素就是是否知道还可以怎么教或者怎么学，怎么教、怎么学可能更有效。教学观察的主要目的就是通过观察发现教与学的成功与不足，寻找这当中可能存在的问题及其解决之道。

从教学评价的视角来理解，课堂观察就是对教与学的诊断性评价活动的关键一步。教学改善的关键在探明教与学的现状与问题，找到具体原因，对教与学的改善提出针对性的意见。

为什么要编制观察量表

首先需要说明的是，教学观察不是简单地为了对教学过程和结果做出"好"或者"坏"的评判。教学过程与结果的"好""坏"标准在哪里？可以说各有各的标准。理查德·施韦德在《文化的重要作用：价值观如何影响人类进步》一书中提到："一旦对于'好''坏'选定了具体标准，就可以对进步与衰退做客观评估。但是，如果认定某种文化传统最优越，以这种得胜进步论的形式依照特定的价值观做评估，情况就大不一样了。同样的事物可以显得是好或者是坏，就看你选择什么价值观作为标准了。"正因为如此，课堂观察需要编制观察量表。在某种程度上说，经过反复使用并在使用的过程中不断调整的指向教与学的某个方面的观察量表，就是一所学校师生在教与学的进程中慢慢达成的某种"共识"或者说"标准"，否则我们的观察结论就有可能各说各话。即便如此，对教与学来说，我们还是要认识到"好""坏"很难评判！

课堂观察的内容有哪些

总体而言，课堂观察的内容大致有以下五个方面：

1. 教学目标：（1）是否符合课标与教材要求；（2）是否贴近学生实际水平；（3）是否可操作、可评估。

2. 教学内容：（1）是否指向教学目标；（2）容量是否恰当、有梯度；（3）重点、难点是否突出，课程资源增删是否得当。

3. 教学过程：（1）流程是否合理；（2）方法是否恰当；（3）反馈与评价是否及时；（4）媒体使用是否恰到好处；（5）组织形式与管理是否合理到位。

4. 教学效果：（1）目标达成度如何；（2）是否有尊重差异的意识。

5. 教师素质：（1）教学语言如何；（2）教学技能熟练程度如何；（3）仪表与态度怎样。

具体而言，则需要重点关注以下这些方面：

第一，教与学双方的行为。为什么首先观察的是教与学的行为？我以为，约翰·M·格的这个观点很到位："一个简单的教学行为，其中也可能隐藏着一些精神生活中最有效和有意义的法则。"具体观察哪些行为？

从教师教的视角，观察者必须关注教师教学行为的指向性、操作性、完整性、稳定性和灵活性；教师的教学行为是否聚焦在本堂课、本章节、本单元的教学目标与教学要求上；教师布置给学生的学习任务是否具备可操作性，换个角度讲即是否关注了不同学生的学习起点与学习能力；一堂课的基本流程与框架是否合理与完整，与本单元、本章节的教学目标与内容是否在一个完整的架构中；教师的教学语言、教学风格是否相对稳定；在实际的教学推演进程中，教师的教学机智如何，尤其是对学生学习行为、学习态度的反馈与评价背后的教学认知与教学主张是怎样的。

第二，教师的教学理念。教学理念是对认识的集中体现，同时也是人们对教学活动的看法和持有的基本态度与观念，是人们从事教学活动的信念。教学理念有理论层面、操作层面和学科层面之分。理论层面涉及教育观、教学观、学生观、教师观、效益观等；操作层面涉及课堂上教师的策略、方法、流程、模式等；学科层面则可能透露出教师对本学科课程标准规定的学科目标、性质、任务、特点以及质量标准的理解。而在这三个层面共同影响下形成的具体教师的教学素养，是通过他的教学语言与教学行为有意无意地表现出来的。这就是为什么要将教与学双方行为的观察放在第一位的缘故。

第三，教师的教学设计。这个问题我在前面已经很详细地谈过了，从课堂观察的视角看，必须高度关注的是教师为优化教学过程，提高教学质量，如何以认知学习理论、教育传播理论和系统科学理论为基础，根据学生的学习特点和自身的教学风格，对教学过程的各环节、各要素预先进行科学的计划、合理的安排，制订出整体教学运行方案。《如何用设计思维创意教学》的作者认为："虽然一节课成功与否的影响因素有很多，但是，不恰当或不用心的备课是授课失败的第一主因。""备课的重要性怎么夸大都不过分，当然，过分详细的教学计划会让教学任务过于艰巨。并且，如果某位教师走进教室，心里想着'我已经把教学计划熟记于心了'，那么这是不够的，而且专业上来看也是不负责任的。虽然教学计划并非万能的，但是在授课之前写下授课的关键要素能帮助整理思维，可以用作未来备课的参考、创建协作文档，还可以反映个人对于实现高质量教学的决心……高质量教学具有多方面的特征，所以如果不好好规划，放任教学，就会导致付出很多却得不到预期结果的风险，这并不能怪学生！越多地思考教学计划，就越能够将其付诸实施，也就越能够实现教学目标。"我以为，课堂教学需要重点观察的是目标的确定是否恰当、合适，对学生而言是否给他们提供了必要的选择；教学任务是否具体、明确而可操作，任务与任务之间是否具有恰当的梯度；教学活动的设计是否丰富、多样，具体组织中是否具有一定的灵活性；学生的训练的针对性如何，有效性又如何，这些训练对学生而言有没有选择的余地等。

第四，教师在教学过程中对学生的指导情况。教学的宗旨简单来说就是指导学生的学，教学过程中教师要根据学生具体的学习行为与学习效益给学生的学提供具体的帮助、引导、启发，要通过正面效应激励学生。这当中必须注意的是聚焦教学目标，采取有效的行动控制学生在竞争性任务中可能面临的挫折与风险，还要减少步骤的数量或复杂性。教师在这过程中的表现如何具体，可参见上一篇文章的有关文字。

第五，教师在教学过程中对学生的反馈与评价。按照加涅的观点，教学目标就是学生的学习目标。在我看来，教学的有效性主要体现在目标的达成度上。学习目标是教学评估的基础，以教学目标为依据，按照科学的标准，运用一切有效的技术手段，对教学过程及结果进行测量，并给予明确的价值判断。对于学生具体的学习情况（行为表现），应对照课标、教材的基本要求，尤其是本堂课的学习目标，提供准确及时的、因人因事而异的反馈与评价。

ATI 课堂评估任务的一些界定或许会让我们有所启发：

知识——对内容的掌握，不仅明白且要深入理解（如了解如何回答一个线性方程与理解何时、为什么可能会用到这个知识之间的差别）；

推理——运用知识的能力，理解并分辨事物的能力，解决问题的能力，以及运用知识对事物进行比较和分类的能力；

表现技巧——只有通过实际行动才能展现出来的能力，也就是接受评估的行为（如弹奏乐器、大声朗读、运用第二语言、游泳或跳舞）本身（不是结果性产品）；

作品——通过创造有形产品展示出来的能力，也就是被评估的产品（如论文、学期试卷、科学模型、艺术创作以及展品）本身。

课堂观察的程序是怎样的

尽管教学观察的点是相当丰富的，关于这方面的内容我们可以去读一点教学观察与教学评价和测量方面的专业论著，这里不做赘述。但我以为，观察的视角不外乎教与学两个方面，每一次观察有每一次的目标，每个目标下总要有与之相匹配的"点"。而这些不是建立在课堂观察的总体规划的基础上的。从研究的立场出发，至少每一次的观察是要有一个规范化的程序的。课堂观察前，要有明确的分工，即被观察者和观察者；要明了观察的目标与任务，即为什么观察，观察什么，怎么观察，用哪些观察工具，观察者各自的视角及任务是什么，以及被观察者对这次观察的目标与任务是否了解。课堂观察时，对观察者而言，要聚焦目标、选择位置、做好记录；对被观察者而言，同样需要聚焦任务。课堂观察后的主要工作是反思、分析与评价。对观察者而言，一定要弄清楚依据是什么，有什么建设性建议，同时还要有对自己观察的反思；对被观察者而言，则要给其陈述的机会，包括他的理解、动机以及反思等。

当我在这里谈论课堂观察的几个基本问题这一话题时，想到了法国教育家雅克·朗西埃在《无知的教师：智力解放五讲》中的一段文字："我们每个人都围绕真理描出自己的抛物线。没有哪两条是相同的。而正因此，讲解人给我们的革命带来危险。'人的概念所画出的各种轨道很少互相切断，只有一些交点。而他们描出的线一旦重合，就一定会产生扰乱，这会废止自由，从而废止源于自由的智力运用。学生会感到这条他刚被引入的路径，是他凭自己无法走过的，他会忘掉那各个智力空间里，本来有千百条小径开放给他的意志。'"这轨道的重合就是钝化，即便是苏格拉底也是如此。雅克·朗西埃认为，苏格拉底的方法"尽管十分近似于普遍教育法，却是最有害的一种钝化"。苏格拉底也是如此，何况我等？我要说的是，教学的具体问题，尤其是教学研究，一定是因人因事而异的，虽然有规律，但运用在个人，在具体情境下的实际应对。

附1：杰拉尔德·C·厄本恩等《校长论：有效学校的创新型领导》中关于教学观察流程的建议

步骤1：观察前会议

该步骤的主要目的是强调随后的观察。教师为校长列出课堂计划，并帮助明确指出在观察时需注意的方面，这个教师计划一般包括学习者的目标、介绍、教学策略、所需资源、评估计划和课堂结束。

在讨论过程中，校长有可能有机会来明确该堂课包含的各种元素，并可能建议采用的其他教学方法。一开始的讨论应集中在某些确定的兴趣领域或者必须更多关注教师，而不是强调有关的教学原则。在后期的观察和讨论将会有很多机会来讨论主要关心的问题。

重要一点是教师明确这种临床指导模式中每一步的目的何在，教师必须知道观察者在听课过程中笔记，以便在随后活动中提供准确的反馈信息，在预先听课会议结束前应留出些时间来做课堂参观和观察后的会议讨论。

步骤2：课室观察

教师的任务是按计划上课，听课观摩者的任务是记录下在预先观察会议上所确定的各种事项以及上课期间发生的事情。某些特定发生的事情应该按上课者的原文进行描述，和课堂有关的一些行为——例如学生的言语行为或非言语行为——也应该有记录。开场白和结语则不必记录。校长必须观察参与者的话语和一些特别事项以便提供有用的反馈，同时要准时到场，不无故退场是很重要的。

步骤 3：课堂分析

为后期的听课会议做准备，需要分析所记录下的笔记：教学目标是否达到，各种计划好的教学策略应用情况如何，是否发现不寻常的事情，哪些起了作用，哪些没有起作用，如何评价教师的行为举止，如何评价学生的行为举止，哪些方面教师做得好，哪些具体的方面需要提高，下次听课时教师应做哪些工作等。

步骤 4：听课后会议

这种会议宜放在舒适的私人地方召开，教师办公室是个经常的选择，在寒暄之后比较好的开场白是问："你们认为有哪些优点？"然后教师明确说明：这堂课的目标是什么？实际发生哪些事？教学目标是否达到？多大程度上达到？校长可以根据自己的听课笔记和观察来佐证。成功之处是要讨论的。

在双方达成共同意见后，教师和校长一起探讨有哪些教学策略值得尝试，请教师提供一些信息，每次会议的总结应包括发展计划和对如何改进缺点达成大家同意的方案计划。

步骤 5：听课后会议的分析

临床视导的最后一步是对有关过程和结果进行评价。这需要从教师方面获得信息。如何改进教学过程？发展目标计划是否清晰？可以给教师提供哪些协助？教师离开后，校长必须反思自己的行为举止和技巧。例如会议是否开得良好？为什么好或不好？这个过程目的是改进教学和改善关系。对某教师适合的方法未必适用于另一教师。

附2：《如何调动与激励学生：唤醒每个内在学习者》中关于教学
环境设计的建议

在确定教室布局时，教师可以思考以下问题。

• 教室里人员走动与活动的区域是否设计得清晰？

• 是否任何时候从教室任何角度都能看到所有学生？

• 学生在座位上能否看清老师以及课堂展示，例如黑板和
投影？

• 学生能否轻易获取经常使用的材料？

• 教室设计使分心的可能性降到了最低还是会无形中鼓励学
生分心？

• 学生桌椅的摆放能否维护教室秩序和安全？

除了上述问题，教师还应思考教室是否让学生感到舒适。如
果学生在上课过程中感到不适，他们不太可能维持课堂秩序或参
与课堂。

为了完成对教室环境的分析，教师可以从感官角度出发对自
己的教室进行审视。

• 视觉：教师应考虑教室内的装饰（例如墙上空间的使用，
海报和装饰使用了多长时间、相关程度如何）、布局（例如学生、
老师和公共空间的布局）和视线（例如学生是否能从座位上看到
教室的前面，老师是否能从不同位置看到所有学生）。

• 听觉：教师应考虑非故意发出的声音（例如其他教室或走
廊上的声音或者加热器和空调的声音）和刻意发出的声音（例如
课前课后的音乐、教师和课堂的音量）。

- 嗅觉：教师应考虑教室中是否存在任何香味或臭味。

- 触觉：教师应考虑教室布置（例如教室内的过道布局是否让行动方便）和活动身体的机会（例如伸展放松时刻）。

- 味觉：教师应考虑教室食物的提供（例如健康的零食和水，以及课间和午餐时间）。

教师应在察觉到不良感觉的存在后尽快移除产生不良感觉的东西。例如一些装饰可以让空洞的空间看上去更好，台灯或自然光线创造出的环境会比刺眼的白炽灯更令人感到舒适。使用窗帘、墙上装饰或隔音材料来降低噪音，而音乐可以创造出积极正面的声音环境。为了消除异味，可以使用清洁产品、空气清新剂、精油或花朵等植物的自然香味。在学生看上去好像有点分心的时候，可以安排伸展放松时刻或片刻的身体活动。教师可以定期重新评估教室食品和饮品的规定，进一步确保学生的舒适。

（后记：刘百川先生在上个世纪三十年代就提出过必须关注教室里的空气的问题，可是现如今走进不少教室一股说不出的气味扑鼻而来，今天当你走进教室让你嗅而却步的可不是个案哦……）

教学理解
与教学活动组织

美国人肖恩·埃科尔的《大潜能》谈到一个概念——
"被保护者效应"，肖恩·埃科尔介绍，斯坦福大学和
范德堡大学的研究人员有个"贝蒂的大脑"的研究项
目，这个项目研究的是帮助别人变得更好，增强个人
潜能。

这项研究是这样的：研究人员将贝蒂带入中学教室
（贝蒂是一个在线动画角色），指导学生教她环境科学
原理，看看会发生什么。结果，学生花了大量时间复
习材料，在这个过程中学生加强了对材料的理解和掌
握。"教别人知识时，我们会学得更好，而不仅仅是
为了个人知识而学习"，这就是"被保护者效应"。

一个人的学习会受到周围人的影响。一个人不仅自己
在他人的帮助下会变得强大，在帮助他人的同时自己
也会变得更为强大。做教师的不就是帮助学生学会学
习，学会战胜一个个困难的过程中展现自己的才华与
智慧的吗？换句话说，教师职业的荣耀或者说光辉不
就是在帮助学生的过程中闪耀起来的吗？从教学工作
的视角看，一个人的学习会受到周围人的影响，提醒
我们的是，教学过程中要花更大的气力去调动学生们
去相互帮助，相互学习，让他们在帮助他人的过程中
更好地掌握有关知识与技能，体验学习的乐趣。

22

先从教学规范开始，
然后再谈教学改革

　　谈到教学的改善话题，我的基本建议是，先从规范开始，然后再谈改革，我以为规范是改善的前提。我一再强调任何一个教师要搞教学，首先要关注教学目标的设定，思考如何围绕教学目标的达成开展教学活动，采取有效的反馈评估手段评估教学效果，也就是达标情况。这一个环节做到位了，改善才有可能，这个环节还没到位就想教学改革，就是折腾。

　　教学规范从哪里开始？我顽固地认为还是应该从学习课程标准、研究教材、评估学情开始。

　　课程标准规定了具体学科的课程性质、课程目标、内容目标，同时还有宏观的教学建议与教学质量评估的基本建议。简言之，它提出了面向全体学生的学习基本要求。尽管这"基本要求"对不少学生来说是相当高的，但它是各地各层面评估教学质量的标准，如果没有很好地学一学，教学就可能是随意的。

　　教材是依据课程标准编制的教学内容，现行教材中的"助学系统"对课标提出的教学目标、原则、要求、方法乃至评估手段做了分解性的提示，是教师设计教学，指导学生阅读、学习、掌握知识、形成技能的中介物，不仅是学生学习的依据，也体现了教师教学工作的基本规范。所谓吃透教材，还包括吃透"助学系统"。

学生是教学的对象，他们的认知基础、学习态度、习惯、兴趣等决定了他们的学习质量。起点过高望而生畏，起点过低不屑一顾，可能的情况就是"躺平"，我在不少课堂上就看到有学生睡觉时自然微笑，可能就是可爱的"躺平"，至少他们不会故意捣乱影响正常的教学秩序……如何研制学情，我在《"LOTIAR"教学设计框架与教学实施》的"学习者分析"中已经讲得比较具体了，故这里不再赘述。

我以为学习课程标准、研究教材、评估学情，至少前两点每一位教师只要愿意是都可以做到的，评估学情有点难，但只要愿做，也不是不可以做到，慢慢来就是。南通有"不要不会走，就想跳"的说法，先学会走路，跳跃才有基础，否则是会摔跤的。

波兰尼在《科学、信仰与社会》中说："规则的应用靠的毕竟不是规则本身，最终还得依靠人类行动。"换个表达就是"规矩是死的，人是活的"，人才是最具创造性的，教学活动本就是一种创造性的劳动，生搬硬套肯定教不出好学生。

波兰尼的这句话后面还有一段话："当然，这样的行动可能是相当明朗的，此时它所遵循的规则就非常明确；但既然是依照一项明确的规定来产生某个对象，那这就只是一个制造的过程，而非艺术品创造的过程。同样的道理，用一项指定操作获取新知识的行动，充其量也只能说是一种测量，因而不能称之为发现。科学探寻的规则在它们自身的使用过程中留下了广阔的开放空间——任由科学家们的主观判断驰骋其中——这才是科学家的主要职责所在。他们得寻找好的选题、做出种种接近探寻对象的猜测并辨认出那些能最终解决问题的发现。在此过程中，科学家的每个决定均依赖于某条规则的支持，可是，他仍得根据自己的判断，在每个实验案例里选一条合适的规则来运用，这就好比高尔夫球手为他的下一击挑选一支趁手的球杆。"我以为这同样适用于教师的教学工作，教学有教学的种种基本的规范，但在具体的实施中教师的智慧无非根据具体的情景选择合适的"球杆"而已，所谓"工欲善其事，必先利其器"是也。优秀的教师必须熟悉各类基本的教学规则，掌握丰富的教学方法，才能在出现形形色色的未能预料到的教学状况时应对自如。

23

教学态度
与教学效果

　　课堂上教师的态度，准确一点说是情感投入，直接关乎学生的学习参与度，而不是简单地将学生的排排坐改为围围坐。我常常看到的是学生们尽管围围坐着，教师依然呆若木鸡一般在那里自说自话，长此以往，无论排排坐还是围围坐，学生依然会昏昏欲睡。想要学生真正参与其中，教师就要以饱满的激情投入其中，以各种不同的方式向学生传达积极的态度：语调、语气的变化，语言节奏的调整，肢体语言的配合，目光的扫视与聚焦等。至少要让学生从你放光的两眼里感受到你的专注与投入，能从你的语气语调中感受到哪些东西必须引起重视，明白如何应对当下的学习活动。

　　美国学者塞丽娜·帕里泽认为："倘若学生们敬重你，喜欢你，那么你的工作做起来就容易多了。教师跟老板不一样，老板可以开除他不喜欢的员工，可是教师却不能开除学生，严重的时候，还有可能需要你花费一年的时间来尝试修复由于尊重缺失而造成的师生之间的紧张关系。"我以为不无道理。一直以来我们总是强调要尊重学生，而在获得学生尊重方面思考不多，努力更不够。

在课堂上，任何一位教师都是其中的一分子。不是流行说"离开了什么你什么也不是"嘛，从教学关系看，我以为是有道理的。教师不过是教学活动中的一方而已，离开了学生我们还真没有什么价值。当我们站在教室里却没有得到应有的尊重时，是不是应该思考一下自己有没有问题？塞丽娜·帕里泽有个忠告："当教室里（你与学生之间）爆发战争的时候，他们能够很快战胜你。因为他们的数量远多于你。想一想是不是很可怕？""成功的教师深刻意识到这一点，并且能够与学生一起合作。而失败的教师则会正中他们下怀，试图挑战学生的对抗能力，企图用更大的噪音压制学生的反抗。长期来看，力量的较量是不管用的，只会带来威吓，而不利于营造一个有利的学习环境。""当一个学生或者全班学生都对你表示不恭的时候，这种状况真的是不容乐观。一旦尊重缺失就很难再获得。然而，一旦学生们信任你，相信你是关心他们的，他们就会放松防备，并且为即将开始的学习之旅做好准备。他们就会想要你来引导他们，询问他们即将要学习的内容，放弃与你对立的心态，因为他们意识到你和他们是站在同一战线的。"（塞丽娜·帕里泽，《多维互动式课堂管理：50个行之有效的方法助你事半功倍》）

塞丽娜·帕里泽认为，要赢得学生尊重的关键是：精心备课，专注学习。你要学生好好学习，自己首先必须是个学习者，学生总是会仰慕博学多才的老师的。一般而言，精心设计的教学，是会吸引学生的，每堂课都认真准备的老师是会赢得学生的尊重的。试想一下，你课堂上用的教案与PPT都是直接拿来的，却大谈什么理想与情怀，谈什么为了学生的好，扯什么"没有爱就没有教育"，你自己信吗？

想要得到学生的尊重，就要在课堂上把自己最好的一面展现给学生。用自己的教学智慧将你所掌握的知识呈现给学生，用自己的特长来教学。"如果你喜欢表演，那就把表演融入教学中。如果你是一个热爱艺术的数学老师，那么就用画画来解决数学难题。如果你喜欢弹钢琴，不妨试试在学生们学习的时候，给他们弹奏一曲。你的特长是教学生涯中的宝贵财富之一。"

塞丽娜·帕里泽建议教师们要慎用惩戒。她认为："如果你一定要惩戒学生的话，一定要有确切的理由，并让学生们知道原因。那样的话，他们才会尊重你的权威，并欣赏你的为人——不是滥用权力。只有少用惩戒，生气才会有用。如果经常跟学生生气，那样的方法几乎没用。"对此我比较认同。做教师的不要总是想着手上握根戒尺，更不能总是在如何使用惩戒手段上花心思。

关于教师的激情与学生的投入，马扎诺等人如此说："如果你满怀热情地提出一个主题或任务，你的学生可能会采取同样的态度，表现出热情并不意味着鼓舞人心的讲话或虚假的戏剧表演。如果你对这些技巧感到满意，你可以使用戏剧性的或强有力的推销技巧，但如果不满意，低调却真诚地陈述你对某个话题或活动的重视，也同样有效。"（罗伯特·J·马扎诺等，《高度参与的课堂：提高学生专注力的沉浸式教学》）

"积极态度也可以通过幽默来传达。彼得·乔纳斯在《笑与学》一书中，总结了幽默与学生成绩、参与度之间的关系。他指出，'用幽默来改善课堂教学，不但得到了研究的支持，而且已被证明是成功的'。乔纳斯发现在课堂上营造恰如其分的幽默课堂氛围的积极作用包括：幽默可以使教学效率提高 40%；幽默可以改变一个教室的文化；幽默可以提高工作效率；幽默能减轻学生的压力；幽默能促进创造性思维的发展。"幽默说起来容易，做起来恐怕非一日之功，这背后有个体的许许多多因素使然。正因为如此，我们才需要在这上面下功夫。

24

关注学生课堂上
细微末节的反应

关注学生课堂上细微末节的反应，不要带着个人情绪去看学生的种种反应，更不要责怪学生。伯格斯认为："实际上，学生可能不是真的讨厌数学，他们只是讨厌教师教授数学的方式，他们讨厌的是学习数学时那种苦苦挣扎的无力感和无助感。学生认为历史很无聊，是因为教师沉闷的课本讲解、大量的作业和严厉的训话扼杀了他们对历史的兴趣。历史不无聊，是历史课无聊而已。当学生觉得所学知识和他们的现实生活毫无关系时，他们会怀疑这些知识是否值得自己努力投入时间和精力。这种疑虑的确是正常和合理的！作为成年人，我们也一点都不喜欢自己的时间和精力被白白浪费掉，学生也同样是这样的。"（戴夫·伯格斯，《教学需要打破常规：全世界最受欢迎的创意教学法》）学生的反应就是对教师教学行为的反馈，如果我们能根据这些反馈做些调整，哪怕是改变一下站立的姿势或者语调，或许部分"分神"的学生就会参与进来。关于如何看待学生的课堂参与，我在上文已经说过，这里不再赘述。

为让学生积极参与课堂，伯格斯认为："最好的办法就是掌握学生在课堂上的情绪变化，并让他们感受到你的教学热情！课堂上，感知课堂氛围衰退和高涨并适时调整热情的能力是卓越教师必备的技能，这种技能几乎很难量化，也很难教会，只能凭借教师自身的努力和经历才可能获得，这种技能也成功地将优秀教师从众多的教师中区分开来。"注意，关键是教师自身的努力和经历，这是其他任何因素无法替代的。

伯格斯转述的莫尔茨《心理控制论》中通过对人类达到自己目标的方式和导弹、鱼雷击中目标的方式进行对比来说明教学改善的过程，对每一位有志于教学改善的老师也是有启发的："鱼雷通过继续前进、寻找错误、不断纠正错误来完成它的目标。"伯格斯说："事实上，导弹会对接收到的反馈进行持续的分析，并在这个基础上进行不断的调整，最终到达目的地，并且击中目标。伟大的教学之路看起来就像你在冲洗头发时的操作步骤一样：摸索、失败、调整位置，再摸索、再失败、再调整位置……抹肥皂泡，冲洗，如此重复。"

如果我们能以开放、接纳、贴近学生的态度，全面深入地去了解每一个学生细微末节的表现时，就可以更为准确地了解学生的需求，促进教学活动的有效进行。学生的眼神、姿态，甚至无声的抱怨，都可以给我们传达许多信息。例如学生频繁表现出的是疲倦或厌烦，可能说明他对课程内容不感兴趣；他们是喜欢独处，还是喜欢合群，则有可能反映的是他们的学习习惯和偏好，甚至还有性格特征等。诸如此类的细节既需要教师的耐心，更需要教师的善意。

25

教学目标在教学实践中
必须做相应的调整

　　教学起点与教学目标的调整背后是尊重差异的教学理念使然。每一位学生的认知水平决定了他们的学习起点，所谓尊重差异关键的一点就是要给不同学习起点的学生设定一个恰当的教学起点，如此，他们才可能看到自己的学习进步。基本目标达成了，才有可能给他们挑战性的任务，让他们上升一个台阶。说得再具体一点就是当学生达成了某个目标时就要追加学习任务，当他们未能达成时就要进行补救教学，帮助他们达成目标。以江苏南通的陆志强老师教初中数学"圆柱体积计算"为例，他是这样确定教学起点的：能通过把圆柱体转化成近似的长方体，掌握圆柱体的体积计算方法（圆柱体的体积＝底面积 × 高）；能通过把圆柱体转化成近似的长方体（摆法不同，可分别以下面、右面、前面为底），分别推导出圆柱体的体积计算方法，并沟通这几种不同方法间的联系；通过把圆柱体转化成近似的长方体从而推导出计算方法的活动，体会转化思想的价值（新问题→旧问题），找到面积（或体积）公式推导过程中的统一的数学思想方法；不仅能运用转化思想再现体积（或面积）公式的推导过程，并应用公式解决实际问题，还能运用这一思想解决求不规则物体的体积（或质量）等现实问题，发现"乌鸦喝水""曹冲称象"等故事中所蕴含的数学思想方法。

　　教学的目的在于帮助学生的学业进步，任何一个人的学业进步只可能在他原有的基础上发生。适当降低教学难度，合理调整教学目标，恰恰是为了帮助学生达成课标与教材要求的教学目标，完成相应的学习与任务。如不顾学生实际严格按照课标与教材的要求要求所有的学生，或者不顾本班学生的学习基础一味按课标与教材的要求教学，恰恰是不负责任的教学态度使然。一个简单的道理是先要学会跑，然后才可能学会跳。我们普遍的问题是忽视了这样一个问题，那就是本区域、本学段、本年级、本班存在着相当一部分学业上不合格或者说不达标的学生，如果用教合格、达标的学生的学习难度与目标去要求他们，至少是不尽职的。所谓尽职的基本要求就是从学情出发确定教学的起点与目标，使学生的学习兴趣得到提高，能看到自己可以学，学得了。试想一下，如果他们总是学不了，还会想学吗？如果他们总是学不了，不想学，岂不是离课标与教材的要求越来越远？

　　适当降低教学难度与目标，为这些学生尽可能多地铺设一些台阶，让他们慢慢地拾级而上才是正道。可以采取目标分解策略将"学习目标"拆解成一个个具体的学习任务或活动，尽可能让他们参与其中。譬如《登鹳雀楼》，有的学生不但要明白它的立意，还要明白其意象、格律、平仄乃至意境美等，而有些学生能理解"要看得远，就要站得高"就已经不错了，至于意象、意境等则是后面的事。如果一定要让他们去理解意象、格律、平仄等，他们则有可能云里雾里，干脆选择躺平就是。

有经验的教师会在具体的教学过程中根据学生的反馈及时地进行生成性教学。这就需要对原先预设的教学目标做相应的调整，可以是扩充与完善，也可以是降低或改变。我在拙著《有趣的语文》中讲过这样一个案例：

有一回我给初中生上冰心的《墙角的花》，这首诗就短短的几句："墙角的花！／你孤芳自赏时，／天地便小了。"我预设的教学目标是：反复诵读，联系日常生活中一些人与人相处的方式展开想象，领会这首诗通过对墙角小花孤芳自赏的嘲讽，告诫人们做人处世应当谦虚，切勿骄躁的立意。当组织同学们讨论时，有一位同学站起来说："老师，我不认为墙角的花儿是孤芳自赏！"我一听，很好的观点诶，如果按预设的目标"教"下去就有点不合时宜了，于是我问："那你觉得它是怎样的呢？"这学生说："墙角的花，独立开放，并没有孤芳自赏的意思啊，它就在那里开着，不在乎别人对它怎么看，我们怎么就可以说它是孤芳自赏呢？"我回："想想也是诶，冰心为什么要给它按上个'孤芳自赏'的帽子呢？我们再来读读看。"于是我让同学们在反复诵读的基础上提醒同学们关注"你孤芳自赏时，／天地便小了"的遣词造句。有同学说在前面加个"如果"就好了，如不孤芳自赏天地就不会小啊。于是我在原先设定的目标的基础上做了拓展与完善。

做人处世固然应当谦虚，勿骄勿躁，但也要有不为外界的非议所困扰的独立意识，努力做好自己。顺便给他们读了一下王安石的《登飞来峰》，也顺便跟他们说了一下阅读需要从不同的角度去思考，但不能胡思乱想，牵强附会，还是要从文本本身去探讨。

26

及时给学生提供支持，
帮助学生达成学习目标

　　教学目标的达成、学习任务的完成，有赖于教师教学中对学生的有效帮助，教学中教师必须设身处地地理解学生，给学生提供有助于帮助他们理解问题的途径，概念不明白的帮助他们理解概念，思路不清晰的同他们一起捋清思路，找不到知识点的提醒他们翻翻书、回忆回忆相关知识，局限于一条路径的提醒他们往其他角度与方向看看，或许就可能达到"无论情况如何变化，他们都仍然能够得出正确的答案"的理想境界。有些学生的任务完成包括作业的困难，其实是对一些概念的不理解造成的。这时候需要采取的策略就是帮助他们很好地理解概念。有些学生的任务完成包括作业的困难，则因为没有找到或者说没有理解解决问题的路径在哪里，这就需要老师给他们指明解决问题的方向或者思考的路径。有些学生的任务完成包括作业的困难，是因为"一条道走到黑"，这就需要提醒他们换一个角度去思考。

　　"目标导向，任务驱动，尊重差异，当堂进阶"只是教学理念，不是教学流程，更不是教学模式。遗憾的是不少老师总希望能给一个具体的操作流程或教学模式。我以为从理念到行为的转化一定是因学科、因人而异的，如果一定要有一个可复制的流程与模式的话，那就不是教学了。

譬如差异化，英国人安德烈·雷德芬就认为："尽管为特定的学习个体或小组制订教学计划很关键，但我们要清楚最有效的差异化并不是通过扩展教学内容完成的，而是通过与学生的对话、批改他们的作业以及及时反馈做到的。因此，我们要为差异化教学做的并不是为每一节课制订明确的计划，而应该是为学习进度不同的学生提供不同的课堂准备。总而言之，在制订计划的时候，有两个问题可以始终帮助我们思考：（1）学生们完成任务后做什么？（2）学生们陷入困境时怎么办？"（安德烈·雷德芬，《卓越教师的 200 条教学策略》）对此我个人深以为然。譬如针对数学五年级上册"平行四边形的面积"就可以设计这样三个不同层次的任务：任务一，数格子后猜想平行四边形面积是底 × 高；任务二，基于转化的思想，通过在家的画、剪、拼把平行四边形变成长方形，课堂上进行汇报，验证猜想；任务三，用字母表示平行四边形的面积等于底 × 高。

尊重差异可以体现在课堂教学的每个环节，事实上每一位具备教学基本常识的老师在课堂教学过程中多多少少总是会尊重差异的。譬如对不同学生的不同要求，给不同的学生搭建不同的学习支架，对个别学生读音不准，书写或者口头表达不流利、不准确及时指出，及时采取针对性训练等，就是尊重差异的教学行为。至于这些行为何时发生一定是相机而为的，而不是刻意的，更不可能是完全在事先的预设中的。如果我们在教学过程中能始终思考"学生们完成任务后做什么""学生们陷入困境时怎么办"之类的问题，能够通过反馈帮助学生对照学习目标认清自己"要到哪里去""已经到了哪里""下一步该到哪里""如何到那里"（具体操作如下图所示），后续为达成目标的任务或者活动的跟进就可能是尊重差异的，那么学生的进步也就可以"看"到了。这背后折射的是每一位教师的教学智慧，是很难用具体而微的标准去衡量的。

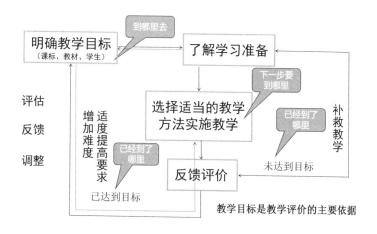

为帮助学生达成教学目标，近些年不少学校和地方是通过给学生编制学习任务单来实施的。学习任务单，又称"学习单"，是学生学习的一种支架，教师根据教学内容的特点，用文字、图表等形式设计提供给学生使用的学习辅助工具。学习任务单是引导学生学习的框架，是学生课堂学习的载体。

有效的学习任务单必须关注学生的差异，为学而教。学习任务单，可以由教师针对本班学生的学习情况进行设计，也可以设计一个通用模板，让学生在自学的基础上自己完成。但编制学习任务单要防止可能出现的格式化教学或者模式化教学等机械化的操作。

　　课堂教学的有效实施，往往是通过具体的教学活动推进的（这里所说的教学活动主要指学习目标与学习任务下的教学活动）。教学活动是指为帮助不同认知水平与学习能力的学生达成学习目标而设计的指向具体学习内容的学习活动。简单地说，学习活动就是调动学生参与到学习中来的教学事件。在一定程度上，好的教学目标陈述是包含了学习任务的，比如"通过把圆柱体转化成近似的长方体从而推导出计算方法的活动，体会转化思想的价值（新问题→旧问题），找到面积（或体积）公式推导过程中的统一的数学思想方法"这个教学目标就包含了具体的学习任务："把圆柱体转化成近似的长方体从而推导出计算方法"。但并不是所有的教学目标都包含具体的学习任务的。这就需要我们围绕教学目标来设计具体的学习任务和学习活动。前面已经提供过一个目标与任务、活动的图示：学习任务与学习活动这两个概念之间的关系是复杂的，有时候是"同一"的，有时候又是包容的，包容又有两种情况，更多情形还是交叉的。我们在这里姑且将它们看作"同一"的概念来理解。人的学习活动形式不外乎身体与心理的参与。实际的教学中大概有这样一些学习任务与活动：提问、答问、讨论、游戏、操作、案例、分享等。教师通过语言或者操作示范教学内容传授给学生的活动形式，主要用于系统知识、技能的学习，它偏重于教师的活动，学生容易处于被动接受的状况，其功能是能使学生在短时间内掌握大量知识。近代以前的典型形式是：讲、听、读、记、练。近代后又发展成：观察、记忆、理解、练习。学生在具体的情境或场景中通过独立的操作或做作业、练习掌握相关的方法或技能的活动形式，其关键在于学习者要在学习过程中能有意识地将相关知识联系起来迁移运用，主动建构其具有个体特征的相应的知识体系，教师则借助相关教学技术（包括技术平台）在学生学习的过程中及时地提供支架与即时的反馈评价，促进并强化学生的学习行为。

27

为什么必须
走到学生身边去

　　人的通病在凭自己的个人直觉与经验判断或认识实物，因此当我们听到或看到一个自己不熟悉或不愿意接受的观点或做法的时候，很容易否定它。我经常给老师们的建议是上课时为了更好地与学生交流，为了能更好地了解学生的学习状态，课堂上要尽可能走到学生身边去。我也承认我这个建议只是建议，因为不可否认的是，我这个建议主要来自我自己的经验，包括自己长期以来形成的课堂管理习惯与课堂观察所得，但也与自己所读到的一些书籍中提到的理论有关，即所谓"个人知识"。这个人知识往往是属于个人的。有一点我以为是每一位老师都可以做到的，那就是走到学生身边去，让他们感受到老师的亲近、欢迎与支持。至少可以给他们一种能切身感受到的安全感，"如果学生感觉他们在课堂上不受欢迎、不被接受或不被支持，他们就不太可能参与课堂活动"。

　　我提出尽可能走到学生身边去，动因无非是自己上学时遇到不少老师整堂课趴在讲台上，自顾自地滔滔不绝，我们在下面干些什么勾当他们一无所知，看到他们如此，除了窃喜，更多的是一种说不出的感觉；另一个原因是自己上课的经验使然，走到学生身边去，除了可以了解学生在干什么，还可以通过他们的肢体语言与表情也就是前面谈到的学生的细微末节的表现，调整自己的教学行为，当然跑到学生身边去也是对分神的学生不刻意的提醒，或者说是一种"看不见"的课堂管理吧。当学生进入自习、作业、讨论的环节时，教师更应该走到他们身边去，这样不仅有助于了解他们自习、作业、讨论的基本情况，还可以进行随机指导，即我所谓"相机而教"是也。

尤尔根·阿佩罗的《幸福领导力》就主张"走动式管理"。"在组织内四处走动，这个建议通常以日语词汇 gemba（意思为'现场'）之名提出。gemba 实践认为，我们应当到人们工作的现场去，这样才能理解他们怎么做好工作及这样做是否符合你的需要。亲临现场观察也有助于解决人们可能遇到的任何困难。基于事实而非假设进行改善，效果更好。"只不过我主张的走到学生身边去绝不单单是为了了解学生是否在按照我们的要求在做，更多的是为了了解学生在做什么，在怎么做，尤其是对那些需要特别关注的学生，只有走到他们身边去，才有可能及时给他们施以援手。"听他们说话，与他们交谈，跟他们协商，给他们提建议。"我以为走到学生身边去，绝不只是一种教学行为，更是一种教学认知，如果我们真的为了学生，就要尽最大可能缩短与学生的距离，用心接近他们，及时了解他们的状况。我还想说的是，走到学生身边去，不应该局限在课堂上，课间、午间甚至放学后都可以选择这样做。但无论在什么时间，最为重要的是真心想走到他们身边去，换个说法就是要从内心接纳学生，了解学生。

类似的观点在麦克·格尔森的《如何在课堂上使用学习评估》关于"循环（巡视）"在评价中的意义中有比较全面的阐述，抄录如下：

• 循环（巡视）是指老师在教室里来回走动，这个比喻利用了液体或气体在结构中自由而灵活运动的内涵。循环的内涵提醒了你需要在走动中秉持一条路线，在这条路线中，所有重要的区域都要被照顾到（正如身体的循环系统）。

• 循环很简单，只是需要老师在教室里来回走动，并且和学生们交谈。这些交谈能够使老师随时帮助学生，并且随时调整教学内容。试着和尽可能多的学生交谈，这样，你就可以核实并掌握大多数同学对知识的理解情况。

• 如果这么做对你来说有困难，那就事先计划好你要重点关注哪些学生。例如，有些学生在开始一项任务时有困难需要帮助，而另一些学生则有半途而废的倾向。利用你所拥有的知识为你的循环策略提供信息。

• 另一种方法是在不与学生交谈的情况下进行循环（巡视），意思是你只能倾听、观察或浏览他们的工作。

• 当学生参与讨论时，你可以来回走动并倾听他们所说的话。你可以选择关注特定的学生，在学生之间进行比较，或者根据个别学生的发言来了解课堂的进展。

· 当学生们在工作时，不管是成对的、分组的还是单独的，你都可以在循环中观察他们。你可以寻找具体的佐证或者问自己一些问题。

· 如果你设置了一个任务，要求学生完成写作，你可以一边在教室里走动，一边观察他们做了什么。你可以在脑海中浮现出想要点名的学生的名字，以便带领他们融入课堂，比如想清楚谁的作业是你想要读的，或者你可以把注意力集中在诸如"学生们对任务的反应是否和我预期的一样"。

在教学研究中
理解教学

导 / 语

我觉得虽说个人发展有个机缘问题，但自己有几斤几两才是根本，有了机缘没有相应的智慧与能力，即便得到了荣誉与地位也是一种煎熬。做教师的根本是对教育的认知以及与认知相匹配的能力，许多情况下，我们不是没有认知，但认知如何转化为技能实实在在是个问题。所以，认知模糊，地位再高也是白搭，当然也有技能不错的，但认知是有欠缺的。个人的发展应该在"道"与"术"的平衡中。关键是自己要什么必须弄清楚。就我的认知而言，教学能力才是专业发展的根基。谈到教学，自然谈到对教学的理解，我的看法是理解教学的前提是要弄清楚所任学科的学科性质与宗旨，如果这一点没弄清楚，是没办法谈学科教学的，至于教学主张、教学思想什么的，那就更不要瞎扯了。了解教学唯有从了解本学科的内容开始慢慢地理解学科性质与宗旨，然后才有可能在自己的教学实践中体现学科性质，实现学科宗旨。

问题解决光有热情与行动是不够的，还要借助有关理论的指导，否则就有可能永远停留在经验主义的层面。

28

为什么要
读一点书

　　曾经看到有位老师说自己读了1000多本书，但还是不知道怎么教语文。我留言：读书有个为什么读，怎么读的问题，这问题没有搞清楚，想明白，除了瞎读，还是瞎读。

　　学以致用，道理人人都明白，但实际的情况往往不是这样。各种教育理论与各种教学观点如果不能够很好地成为教师的个人知识，再多的培训活动与阅读活动也是白搭。因为教师的专业实践知识通常来源于教师的个人经验，只是一种个人理解，而非普遍之为，或者有意之为。可实际的情形是我们总是把它视为普遍之为，转而使之成了有意之为。如此现实，无论是从那个说读了1000本书依然不知道怎么教书的老师那里，还是从热闹的书香校园建设中，均可见一斑。

　　前面提到的"审视—追踪—分析—综合评价"的意义就在于可以帮助我们认识到，没有思考，没有批判，没有舍弃，没有将所读纳入自己的个人知识框架，别人的东西终究是别人的。心理学上有个"组块"说：什么样的信息可以被储存进短时记忆，信息通过什么样的方式被机构化并重组从而进入常识记忆。这一过程中就有鉴别与选择乃至于批判。没有将所读纳入自己的认知框架的阅读，没有将所读转化为实际的教学行为的阅读，不如不读。没有转化的阅读，充其量不过是可以使人成为"两脚书橱"而已，当然，不少阅读者恐怕连这一点也是达不到的。不是有句话说"所读的书被狗吃了"吗？

如果我们懂一点课程与教学的知识，就可以明白教育的目的在发展人，发展人的智慧与能力，也可以明白课程的实施需要注意些什么。夏洛特·梅森说："教育应该有助于人类的发展，它不仅应该把人格放在第一位，还应该把充分重视人的智力、道德和体质作为最高目标。我们真正追求的是一种能被接受的教育，它将能成为人的必备部分。"这段话简明扼要地指出了课程的目标内容以及如何实施的基本路径。

每个学科有每个学科的特点，每堂课有每堂课的问题，所谓教学智慧，一定是在一堂课一堂课中形成的，许多时候与专家的指导并没有什么直接的关系。理解了这一点，就可以理解为什么校长是某个学科的专家而他们学校的这个学科教学的状况不如人意的悖论了。在教学研究上，有时候我们对专家型校长还真不要抱多大希望。

对于乔丹·彼得森的《人生十二法则》中的"用专注代替思考"，我颇为认同。专注一事方有所成，当然这个成也是有差异的。我们身上共同的毛病不就是想得太多而不够专注，时不时地心猿意马，到最后什么也没做成吗？

"虽然思考拥有令人敬畏的力量，但是有一些东西却能够超越这一力量。比如，难以忍受的存在就会让思考随之崩溃"，"这种情况下真正管用的不是思考，而是专注"。"当你内外一致时，就能够专注于当下。谨慎地对待一切，整理你能掌控的事物，修复失序混乱的部分，做到精益求精。"教师的工作无非就是备课、上课、批改作业之类，但我们总是思考为什么要备课，教案有没有用，怎么才能立竿见影、早日成名，而不将精力放在备课与教案的改善上，自然会讨厌备课，会觉得教案无用。我在同新疆某地区的老师们讨论集体备课如何有效的话题时先同他们分享了"那只鸡"的话题：

著名的电影学家克拉考尔在《电影的本性》中写到了这样一个例子：有个导演拍了一个短片，也就十分钟左右那么长，拍摄了一些城市风光、一些建筑、一些酒吧男女之类，主要是拍给那些非洲土著人看。然而他们看完以后都在谈论一只鸡，而且对此特别有兴趣，这个导演就非常纳闷，觉得自己并没有拍鸡啊。他带着疑惑，回去一帧一帧地看，结果真的在一个角落看到了一只鸡。我们可以想一下，为什么那么多高楼大厦、城市风光他们关注不到，却只看到角落里的那只鸡呢？其实原因很简单，因为那些非洲土著只认识鸡，那只鸡是他们最熟悉的，熟悉什么就能看到什么，关注什么就能看到什么。社会学理论亦有类似观点：倡导什么就能看到什么。有用无用，不过因为各自的立场认知不一而已。

乔丹·彼得森说："你必须先找到正确的方向，把目光投向美好和真理，然后才可以专注于当下的每时每刻。脚踏大地，仰望星空，全神贯注，这能使你更好地完善当下和未来。"如果我们真的能够专注于备课、上课、批改作业等，就可以发现这些对提升教学质量是有用的，如果专注于发现它们是无用的，当然就是无用的。所谓正确不正确，也是从各自的立场认知出发的。

29

为什么要认真研究
课标与教材的关系

　　如果一个教师没有认认真真研究课标与教材的关系，没有意识到教学包括教和学两个方面的积极性这样的基本问题，即便教室里挂满了再多的理念性的文字，也不能唤醒教师的教学智慧与学生的学习热情，这不仅毫无助益，相反还会造成某些负面效应（譬如视觉污染）。杰罗姆·布鲁纳在《教育过程》中说："在学习特定主题或技能之前，没能在一个更大的基础性框架背景下认清这些主题或技能所处的情境，这样的教学是不经济的。"主张什么，首先要做的是弄明白这个主张是怎么回事。

　　肯·罗宾逊说："要想让你的孩子获得真正的价值，那么教育既应该是学术的，也必须是实用的：它必须把掌握内容和掌握方法联系起来。"（肯·罗宾逊，《什么是最好的教育》）今天无论有没有用现代教育技术（或者说"工具"），并不重要，重要的是我们的教学有没有让学生看到自己的进步，有没有激发起学生学习的兴趣。怀特海认为，通过教育，我们要具备好奇心、判断力，对复杂环境的掌控力，在特殊情况下运用理论来洞察事态发展的能力。今天的教育改革的成功经验有多少不是如 200 年前斯威夫特在《格列佛游记》中描写的"拉普他"一般虚幻？我们学的这经验那模式还少吗？为什么效果不理想？我们想过这问题吗？

我的基本观点是，无论怎样的状态下，教师教学技能与教学业绩的提升，除了埋下头来研究课程与教学，恐怕没有什么捷径可走。教师的生命一定是在课堂上，任何一个优秀的教师，一旦有一段时间离开了课堂，尽管他对教学的认识与理解是很专业的，谈起来也是很有道理的，但有可能忽视的却是此一时非彼一时，此一校非彼一校，此一师非彼一师，此一班学生更非彼一班学生。基本的套路（就如书法学习的入帖）或许你可以指导他们掌握，但课堂上可能发生的状况还是要他们自己去应对，有效的教学指导一定是走进具体的课堂的。

课程标准是国家制定的教育教学要求，是确保教学质量的基础。教材是课程实施的主要工具，是实现课程目标的主要途径。研究教材与课标的关系，可以帮助我们了解教材是否符合课标要求，准确把握教材的知识点，在设立教学目标时尽可能地贴近课标要求，同时还可以帮助我们理解教材和学生的学习程度，使目标与学生的实际相匹配，并在教学中联系学生的实际，采取相应的教学行动。

30

如何用
教材教

　　有一回我用新版高中教材的一个单元借班上了四课，然后花了两个多小时同教师们谈了谈如何用新教材教学的一些基本问题。我的教学思路没有什么花头，无非就是同学生抠抠字眼，从教材的"助学系统"中找找教材的要求，读读课文，提点问题，让他们读读课文，交流交流想法，自己想想问题，找点感兴趣的文字谈谈认识，在他们需要的时候给他们介绍一点知识和方法而已。上午三堂课下来学生就慢慢进入状态了，我本想下午的课就不上了，因为他们已经大致知道自己如何根据"助学系统"的要求读书与思考一点问题了，还因为上午已经连续上了三堂语文课了，会累。没想到学生们还是希望我下午继续上下去。

　　教材就是这个教材，怎么用在于教师的智慧，更多的是内容与方法的选择的智慧。

　　施瓦茨在《科学学习》中有个观点我是相当认同的："以教促学：为他人的学习负责。"这里的教，我认为包含教师的教学态度与教学行为。教师要以自己负责任的、充满激情的态度，以及合适的方式感染学生，让学生进入学的状态，并能在学生需要帮助的时候及时地施以援手，那么学生就有可能慢慢地进入学的状态。

我虽然不完全认同奥拉夫·舍韦《超级学霸：受用终身的速效学习法》中的一些观点（包括译者的一些观点），但十分认同其中的这段文字："有些人觉得学习是人生乐事。在学习新知识、解决问题的过程中他们感觉快乐；而另一些人却认为学习是被迫的，是躲不掉的恶魔。如果每个人都能在学习中发现乐趣该多好，哪怕找到一点点乐趣也好。"改变你的态度，"你的态度在很大程度上决定你的感受。如果一开始你就认定看教科书是一件无聊而且费劲的事情，那么很可能你的实际感受就是如此"。你如果认为你的学生不可救药，那些学生家长不可以沟通，那么你一定会有意无意地歧视学生，厌倦教学，只不过自己不愿意承认而已。一旦承认了，我以为就是一种进步，那么学生的进步也就有希望了。许多时候，倒不是要改变观念，而是要换个心态。

英国学者罗博·普莱文说："'以学生需求为中心'的教学理念将人的心理需求分为三大类，它们在预防问题和应对学生不当行为方面至关重要。一是对'权利'的需求：人们渴望被认可，渴望自由和自主选择权，渴望功成名就并且能对社会作出贡献，希望自己拥有卓越的能力。"（罗博·普莱文，《让学生快速融入课堂的88个趣味游戏》）我的理解是，作为教师要尽可能地在课堂上给学生自我选择的机会，让他们完成自己经过努力可以完成的任务，而不能一味地压担子，升级任务，从这个角度思考我们就可以理解"最近发展区"的说法了。"二是对'乐趣'的需求：人都有好奇心，充满趣味的事物更能让我们愉快地学习和成长，这种趣味还包括冒险、惊喜及多样化，这些让我们的生活更加丰富多彩。"任何人在学习中找不到乐趣，都是不会进入理想的学的状态的，这其实不过常识尔。"三是对'归属感'的需求：包括被重视、被欣赏、被需要以及超越自我的需求。"教师的态度和行为，要让学生感受到尊重，看到自己的价值，发现自己的能力，如此，他们才可能投入到学习中来，才能发现学习的乐趣，至少不会感到学习的无聊。这里的"以学生需求为中心"的主导者依然是教师。

如前所说，教材是课程实施的主要工具，教材的"助学系统"对教学的目标、任务、策略、方法乃至反馈都做了分解性的提示。它为学生的学给出了一定的知识框架和学习路径。好的教材能激发学生的学习兴趣，提供丰富而多样的学习视角，引导学生积极探索与挑战，让他们在学习中体验到成就感。教学中教师如何使用教材体现的不仅是教师的教学常识，更是教师的教学智慧。

31

为什么要有
学习者视角

　　曾看到一位老师给一班小学三年级的孩子看丰子恺的漫画《自制望远镜》，问这幅画有个错误在哪里，可有位女孩说，望远镜没画反，因为他们不会使用望远镜！老师居然没回应。

漫画的特点是夸张，是反讽，是要从艺术的视角去审视的，当然还要兼顾作者风格。

从立意上看，丰子恺漫画，早期作品多取自现实题材，内涵深刻，耐人寻味，带有"温情的讽刺"，后期常作古诗新画，特别喜爱儿童题材。这幅漫画是丰子恺为外孙宋菲君画的，宋高一那年，与几个同学依照物理书的介绍，自制了一台望远镜，丰子恺知道后很是高兴，挥毫作画并题词道："自制望远镜／天空望火星／仔细看清楚／他年去旅行。"这个"仔细看清楚"貌似有不少弦外之音哦。

从构图上看，中国画的透视特点是散点透视，其透视规则遵从近大远小，但与西方绘画不同的是，西方绘画注重画面中的一个观察角度的空间纵深，通常只有一个消失点，而中国画中的空间纵深处理往往具有多个消失点，同时也自然具有多个观察角度。如果用西洋画的视角看中国画自然不明就里。

据此，丰子恺这幅画并没有画错。

教学这东西，还真不能凭我们的所知去实施，因为我们的知往往是有限的，这就是我为什么强调教学设计要多方求证的原因，我们的问题往往视角单一，背后的原因是过于"专业"（或者说是过早的分科教学使然）。另外，即便我们是对的，学生却不认同，就要反思我们的教学行为，弄清楚差异的原因在哪里。不回应的结果可能造成孩子更大的疑惑，或者表达欲的丧失。

蹲下来看学生，不能只是口号，儿童视角，就是要让自己保持童心。

《有效学习》的作者乌尔里希·伯泽尔给学习者的策略建议：找到价值感，设立目标，提升知识与技能，付诸实践，融会贯通，反思与回顾。

任何一个人"如果不想学习，那自然就学不会。人们必须认识到知识与技能的价值，才有可能掌握这些知识和技能"。作为教师，如果认识不到这个行业作为一个专业的重要性，是不会主动去学习的，或者会将某一教主的理论奉为圭臬，而排斥其他理论。

任何学习活动想有成效，保持专注是关键。至少必须弄清楚在具体的学习中自己想得到什么，也就是可能会有怎样的获得，并且越具体越好。所谓"好好学习"的目标就是含糊的，而换成"弄明白教学目标的内涵与意义"则比"好好学习"具体得多。"过于远大的目标也会带来反作用，因为那些目标看起来太遥远了，忽视了我们的情绪感受。其实，人们更容易完成一些看起来比较容易衡量的小目标。"所以，设定的目标要清晰而具体，关于这个观点我在前面说得已经够多了。

一旦进入学习的状态，"人们需要精益求精，打磨自己的能力，提升自己的专业水平。也就是说，人们需要安排专门的时间段，提升自己的专业水平"。"另外一个重要方面是学习反馈。我们需要知道自己哪些地方做对了、哪些地方做错了。即使简单地记录一下自己练习的情况，也会提升学习和训练的效果。这样看起来，我们就不难理解为什么有的人推崇学习日记，还有的人相信训练录像的作用了。""最好的反馈意见是，既有对结果的判断，也有与正确答案相关的提示。"

所学为所用，"我们想超越基本知识和技能，把所学付诸实践，让我们的知识与技能更加充实。通过技能的运用，人们可以收获更多"。"人们通过向自己解释概念、问自己问题，也可以收获良多。比如，可以尝试问问自己：这种想法行得通吗？这是如何工作的？当人们向别人解释概念或者技巧的时候，可以起到提升学习效果的作用。这也解释了为什么小组配合工作那么有效，因为向同伴解释的时候，自己也在学习。"譬如"教学目标"是什么，有什么用，要搞清楚它的内涵与外延，不在实践中设定具体课程的教学目标，不在课堂上践行，那就不可能明白为什么不能照抄参考资料上的教学目标了。

"学习不仅是为了掌握一点孤立的细节或者一个步骤，我们需要理解这些细节如何按照一定步骤进行互动。简单地说，我们需要掌握专业领域底层的体系结构。"就备课而言，看起来平平常常，其实它是一个系统工程，是一门学问。我在同老师们研究教学设计的过程中，前前后后翻过不下40本这方面的书籍，并在与老师们的讨论与实践中围绕诸如"这一专业知识背后存在一个怎样的体系？因果关系是什么样的？有没有类似的情况？这些信息对我有什么用处？"等一系列问题，慢慢找到了我自己觉得比较合适的一套流程——"LOTIAR"教学设计框架，虽不能保证科学，但这却是属于我自己的。

"在学习过程中，犯错误和过度自信都是很正常的情况，所以我们需要回顾知识，重新审视自己对知识的理解。"譬如，我对"差异化教学"的认识与理解就是由对分层教学的批判开始，转而在与"复式教学"的比较中，在与布鲁姆的"目标分类理论"以及维果茨基的"最近发展区"以及"因材施教"等理论的整合中慢慢系统化的。作为培训者，必须认识到"其他人对我们学习知识和技能也会非常有帮助。当我们暴露于不同的思维方式之中时，我们的收获会比较大"。有一回在与陕西省的一班老师们讨论《彼得兔的故事》时，老师们的发言就给了我重新认识这个故事的很多启示。

归根到底，"学习的过程可以看作是理解一套有机结合的体系中各个组成部分的过程"。

32

如何理解
"以教促学"

《科学学习》的作者施瓦茨指出:"教学利用的是人们的社会责任感,这种责任感促使老师严谨治学。老师在备课的过程中需要做好万全的准备,来应对学生们可能提出的千奇百怪的问题。同时学生们提出的问题也会帮助老师梳理知识内容中蕴含的逻辑关系。老师还能以学生在运用所学内容时的表现作为有效反馈,不断完善自身对于知识的理解。"教学是一种责任,作为教师必须对学生的学习负责,要很好地负起这个责任,要"以教促学"——我这里说的是为了使自己能很好地负起这个责任,教师自己必须好好学习,通过学习改变认知,改善行为。没有人天生会教,也没有任何一个教师能保证自己的教学一定靠谱。我们不学习又如何促进学生的学习?

施瓦茨说:"教学的形式可以多种多样,持续的时间尺度也不尽相同:长至贯穿整个学期的课程学习,短到一小时的视频学习、30分钟的面对面辅导,甚至10分钟的课上讨论,等等。"各类教学活动不外乎三大阶段:准备、教导、观察。

我以为这当中准备是前提，这准备就包括各种预设，其中也包括如何教导，如何观察。"以教促学"简简单单的四个字，说起来容易，做起来其实是十分困难的，这背后牵扯的因素太多了。

毫无疑问，有效的课堂教学离不开"课堂管理"，但这管理绝对不是"衡水中学式"与"鹤壁高中2021届高三年级式"的。某种程度上说，课堂管理离不开控制，但绝不单单是对学生的控制，也不仅仅是维持所谓的纪律，当然也不是简单地延续什么惯例与规则。如果要谈控制，至少应该包括施教者的自我控制（情绪的、方法的、内容的、节奏的、时间的等），还应该包括对学校制度的，也就是说这控制绝不能是单向的；如果要从纪律层面考虑的话，那就要评估学校的那些纪律是否违规违法，是否合乎伦理，简单地说，就是这些纪律是否拿师生当人看，对惯例与规则的态度也应该如此，说不定那些惯例与规则原本就是反教学反教育的。这背后就需要教师好好地去教。

"以教促学"强调的是教师的教不只是传授知识，重要的是引导学生学习，启发学生思考，激发学生主动参与学习的热情，调动学生在学习过程中的主动性，形成问题意识，提升批判思维能力，主动构建知识体系，积极运用知识解决实际问题，并在解决问题的过程中培养学生的合作沟通意识、创新精神和必要的领导力，即所谓的"4C能力"。

33

教学目标
何以达标

　　为什么在教学设计中教学目标的设定与陈述很重要？因为目标既是导向也是结果，教学设计中的目标包括教育的目标、课程的目标、每册教材的目标、单元（章节）的目标、课时的目标以及具体教学环节（活动）的目标。教学的终极目标当然必须指向教育目标，但是，在教学实施过程中则是通过一个一个的教学活动或者说具体的教学环节来实现的，因此每一个教学活动不仅要指向一堂课的具体的教学目标，也要有它自身的具体而微的目标。

　　如果说教学目标是教与学的起点，也是教与学的终点的话，那么教学目标就应该是可检测的依据或标准，所以教学目标的设计也是教学设计的起点，教学目标也就是达成所有教学活动的最终目的。因此，教学设计中科学而又适度地设定教学目标，不仅对教师理解课程标准与教材的关系，明确教学设计的思路与策略，从学生的实际出发给学生提供可选择学习的内容，设计可供选择的学习任务，在课堂教学中进行有效的教学诊断与反馈评价具有重要的意义，而且对激发学生的学习兴趣，帮助学生树立学习的信心，看见自己的学业进步有着十分重要的意义。因此，好的教学设计的教学目标一定是会在课程目标、教材目标、单元目标与学生实际之间寻找平衡的，也是会有多个维度供学生选择的。乔丹·彼得森认为："人们的视线总是指向那些他们有兴趣靠近、试探、寻找或者拥有的东西。"这对教学的启发是，无论是教学的设计还是实施，其关键在尽可能地去靠近学生的兴趣，并想方设法帮助学生靠近学习目标。

教学效果不理想的一个原因，正如乔丹·彼得森所言："我们的目标有可能太高、太低或者太混乱"。"要把目标定得小一点。你的才能有限，你已经习惯了自欺欺人、心怀怨恨、逃避责任，所以一开始不要给自己太大负担。你应该这样设定目标：到今天晚上为止，我希望自己的生活比早上有一丁点进步。"对相当一部分老师来说，教学效果不理想的主要原因之一就是太理想化了，不仅对学生要求高，对自己的要求也高，很少会去想教育的效能是有限的，我们的才能更是有限的，目标定得太高，不仅远离学生的实际，也远离我们的能力，其结果是可想而知的，但我们偏偏很少去想这个问题。即便有人对此做了提醒，我们的直觉也会问，那课标与教材的目标与任务在那里，降低要求了，何年何月才能达标？就是不去想，目标总是达不到可能带来的后果。

乔丹·彼得森说："一个人要想看见，就得先瞄准，而人们一直都在瞄准的过程中。"目标总是动态的，没有一个一个小目标的达成，大目标何以实现？教学这个活儿急不得，慢慢来，帮助学生每堂课上进步一点点，日积月累就可能看到我们希望看到的大大进步。

在设计教学目标时，要有一点对课标与教材提出来的目标的分解意识。如果在教学实施过程中，能够有意识地引导学生始终瞄准学习目标，让他们看到自己正一步步接近目标，那么我们所期待的目标就有可能达成了。

管理者与教师们的一个共同毛病就是想着让学生一口吃个饼，很少去想学校与学生能不能一口吃下去，更不会去想即便吃下去了，还有个能不能消化的问题。

《细节：如何轻松影响他人》一书的作者在谈"如何激励他人（还有你自己）完成任务"时，介绍了一个"小数字假说"：说服科学专家古敏中和艾莱特·菲什巴克认为，当我们给他人或自己提出任务时，如果将"注意力的重点变一变，人们完成任务的干劲儿就会变得更强"。"他们假设，在任务刚开始的时候，与其把关注重点放在尚未完成的、比例较大的部分，不如把重点放在已经完成的、比例较小的部分，因为这样做会让人劲头儿更足。"

"小数字假说"建议人们，做任何事情早期的时候，要把"把目标对象（或你自己）的注意力引导到已经取得的少量进展上，而不是盯着尚未完成的较大数字"。"其中一个原因是，在执行任务的早期，盯着小数字能够唤起人们尽可能高效做事的欲望。从完成了 20% 进步到 40%，这相当于进展翻了倍，行动看起来非常高效。相比之下，如果进度从 60% 增加到 80%，同样都是 20% 的增量，但感觉上不过是已完成任务的四分之一。"

"小数字假说"给教学工作带来的启发是，想要激励学生持续有效地保持学习的积极性，就要关注学生已有的进步，而不是将目光聚焦在那个最终结果（比如满分）上，教学反馈与评价，必须针对每一位同学已经取得的成绩，才能确保他们持续的学习动力。管理者对教师工作绩效的考核也是如此，教育行政部门对学校的考评同样应该如此。所谓希望越高，失望越大，说的同样是这个道理。

34

为什么说课堂管理
不仅是技术，更是学问

　　关于课堂管理，我比较认同《积极课堂：如何更好地解决课堂纪律与学生的冲突》的作者给下的定义：课堂管理是"建立与学生之间的关系及教授社会技能和学习技能"。作者认为："有效的学习环境（并且延伸开来就是成功的课堂管理）包括两方面：关系（特别是对于保持健康关系必不可少的人际关系技能）和高质量教学。当学生在学校与成年人和其同龄人具有强有力的信任关系并且他们的课程有趣且具有相关性时，学生就很难会表现不好。""学生在学习和成长过程中难免会有表现不好的时候——重要的是我们如何回应他们的不当行为。应该给学生机会从自己的错误中学习并且恢复自己与他们的关系。"我的理解是，教学关系是人与人的关系，这当中首要的是师生关系，有效的教学一定是建立在良好的师生关系上的，如果要谈悲悯之心，要谈什么教育情怀，这悲悯与情怀首先一定是对学生的，只有如此，为人师者（尤其是学校管理者和教育培训者），才有可能接受批评，才能反思自己的教育行为，而不是抵触他人对课堂管理行为的批评。

存在主义者弗莱雷认为教育关系是"我和你"的，而不只是"我对你"的。"我和你"的关系应该是平等的，这平等，从教师的立场来谈，首先是建立在自我反思的基础上的，而将师生关系视为"我对你"的关系时，自然会在如何操控课堂上竭尽全力，并会给这些操控披上形形色色华丽美妙的外衣。只有充分认识到师生关系是一种对等的"你和我"的关系，才可能在我们的教育行动中，努力避免统治与屈服、命令与服从的关系，进而自觉地、有意识地改善我们的教育方式与方法。或者说，只有拿学生当人看，才能从学生的年龄与心智特点出发去建构和营造积极的师生关系与良好的课堂氛围，才会去思考学生课堂上为什么会睡觉——是不是睡眠不足、是不是生病了、是不是自己教得无聊与无趣……而不是简单地将学生睡觉视为违纪而通报或处罚。

有效的课堂管理首先要建立在相互理解与支持的基础上，教师应努力营造一种鼓励试错，接受失败，并以此作为学习经验的环境，让学生真心感受到教师及同学的关爱与支持；同时要鼓励学生积极互动，感受到团队的力量，鼓励在充分尊重对方意见基础上的质疑与协商，并做出"第三选择"；对学生的努力与进步给予及时的赞许与正面的反馈以增强学生的学习信心；当冲突发生时，要鼓励学生以良好的沟通技巧化解矛盾，帮助他们学习如何正确对待自己的感情和与他人的关系。

35

尊重差异是理念
还是策略

　　我总是主张老师们要有尊重差异的意识，在差异化教学理念下实施有效的教学策略。但在实际的操作中要将这理念转化为具体的教学行为还真不是一件简单的事。这就难怪有人提醒我不要总是引经据典了。

　　班级授课制，普遍认同的有效教学方法就是直接教学，直接教学的基本方式不外乎讲授（包括演示）—练习—反馈（包括评价），然而我们的教学行为中往往缺失多样化的有效的教学反馈评价方式。于是有效教学往往也就是一厢情愿的事了。强化训练与延长学习时间也就成了许多学校和老师的不二法门，即便是有着科学的甚至是时髦的教学理念的学校与老师们几乎也难以逃脱如此魔咒。

　　要提升教学效率，就要将教学起点定位在学生的最佳发展区间，这最佳发展区对不同的人而言是不一样的，这就是所谓差异化，换个说法就是教学的个性化。也就是说，这就需要老师根据学生的不同情况给他们提供合适的机会。我想大家对维果茨基的"最近发展区"理论并不陌生，《教学中的心理学》中说:"根据维果斯基的观点:当教学定位正好高于儿童最近发展区的底线时,最近发展区宽的儿童比最近发展区窄的儿童可能经历更大的认知发展,因为前者能够更加充分地利用教学。"我主张适度降低教学难度、教学目标的设定要有一定的梯度,就是源于"最近发展区"理论、"差异化教学"理论。具体实施策略见下图:

"最近发展区"理论与教学设计、教学目标达成

帮助学生穿越他们最近发展区的支架技术,包括提示、建议、检查表、示范、奖励、反馈(认知结构化(运用理论、分类、标签和规则,帮助学生组织和理解观点)和提问。

可能发展水平(要达到的教学目标)
最近发展水平
提供线索或者询问,来帮助学生回答问题或解决问题(支架式教学)
支架的目的是帮助学生获得他们无法自主学习的知识和技巧
现有发展水平(已有的知识与技能)

《校长论:有效学校的创新型领导》中建议:"教师可用多种方式适应学生的个性差异:通过调整提问的水平和等待时间的长度,使教学水平多样化。在不同学生的身上花费不同的时间。通过在班级内部或班级之间分组……考虑到学生不同的学习风格。通过选择班级组织方法,包括学习中心、教师或学习小组。"我以为这当中除了"考虑到学生不同的学习风格"这一点对我们这些不具备一定程度的心理学知识与技能的教师而言是有些困难,其他方面只要我们愿意,是完全可以尝试的。布鲁姆的掌握学习理论认为,只要恰当注意教学的主要变量,就有可能使绝大多数学生(90%以上)都达

到掌握水平（得5分）。所谓教育是一种等待，说的也是同样的道理。换句话说，要践行差异化教育理念的前提就是对每一位学生都多一分耐心，多一点时间，但这多一点时间与延长学习时间却不是一回事，而是人们常说的那个"静待花开"。

差异化教学需要强调的是教学中不但要给不同的学生不同的时间，更要给学生提供多样化的学习活动。实施差异化教学，必须建立在多样化的学习目标和多样化的学习任务、计划与方式的谋划上，因此课前对学情的评估就显得尤为重要，而在实施中依据学情调整策略则考验的是教师的教学智慧。

菲尔·比德尔在《如何更好地教学：优秀教师一定要知道的事》一书中有一节文字专门谈差异化设计，读来颇有启发（尽管我不喜欢翻译中类似"一定要知道"之类的绝对化表述）。

差异化学习、延伸学习或者个性化学习，被看成是你执教专业能力的重要部分。你的课要有四种差异化设计："为一般学生准备的教学内容，为能力出众的学生准备的较难或者'延伸性'内容，为有特殊需要的学生准备的较简单内容，以及为初学英语的学生专门准备的内容。而且，每一堂课都要这么做，没有捷径。"教学的起点首先必须面对"一般的学生"，他们毕竟是大多数，也要兼顾出众的学生，他们或许就是未来社会需要的精英人士，这里的有特殊需要的学生，我理解的是有智力障碍的学生，可能不多，但却不能忽视，而"初学英语的学生"，我们可以理解为对某个学科的学习还没入门或者学习比较困难的学生。唯有不同情况的学生的需求都兼顾到的教学设计与课堂教学才是合乎伦理的。

作者还就是不是每一堂课、每一个班级都要实施差异化教学的疑惑做了如下回应：到底可不可能，要看它的重要性。"不实行差异化教学，我们觉得让那些弱势学生（特殊教育需求学生）失望了，或者有点自相矛盾的是，也让最需要差异化的学生（能力出众的学生）失望了。这种结果是由下面两个事实共同造成的：一是如果老师没有合理设计差异化内容，只准备了有特殊需要的学生的内容，就会让可怜的普通老师们良心不安；二是关于如何应付低能学生，你得到的培训最多也就是丢给他们一个完形填空，让他们去做。实际上，差异化教学可能让你会生自己的气，因为它经常让你自我感觉不好，使你变得易怒。"我的理解是，这同样是从教学伦理的视角谈教学设计与课堂教学的，无视教学伦理的教师是不能很好地理解差异化教学的意义的，自然也就不会花心思思考如何实施差异化教学。

菲尔·比德尔认为："评估学生的必要性应该是所有差异化教学的起点，那我们就从这个开始。"评估学生的作用就是了解不同学生的不同情况，以更好地确定教学的起点，明确可行的教学目标，从目标出发根据不同类型的学生设计差异化的学习任务与学习活动。"你不能基于假设实施差异性教学。如果你不知道学生的需要，就不可能根据需要来安排工作，因此，所有的差异化教学必须先评估学生的需要。"

就策略而言，他认为："最好最有效的差异化教学形式是体面的评分。如果你仔细想想就会明白，根据学生的层次来适当评分就是个性化学习的集中体现，完全针对学生的个人学习需要做出反馈、提出表扬和设定目标。"这就是我一直说的，为鼓励学生进步，平时的给分可以从不同学生的起点出发，不能一刀切地一个标准。

他认为最有用的一种模式是"通过辅导实施差异化教学。这涉及到三类关键人物：教师，辅导教师/助教，同学"。我们的中小学没有助教，但我们可以采取同侪互助。"虽然辅导老师很好，具有高度的奉献精神，但是你若让孩子们太过依赖某个人，反而是害了他们。因为当他们长大成人需要照顾自己时，辅导老师不可能一直跟着。辅导老师也会高兴地跟你说，如果某个人一直陪着这些孩子做功课，他们就会养成一种习惯性无助。""同伴辅导这种方法的好处在于真正管用，并且不用你花任何代价。""这种方法比布置差异性作业有更多的优势，因为它不用设计不同的作业单，可以节省很多时间。""对教师们来说，结对互助是最可靠的、最容易实施的差异化教学方法，并且也不必做大量的准备工作。这种方法提供的是一对一辅导，这也是大多数家长所希望的。如果孩子们两人一起学习，他们就不太可能乱写作业，因为乱写对自己和同伴都没有益处。要恰当有效地建立这种辅导，要求学生们必须交出共同成果，或者只给他们一张作业单，同时老师必须确保他们轮流做。"他的意思是，并不是一直让甲学生帮助乙学生，也要让乙学生帮助甲学生。"如果每一堂课都让学生两人结对，你就可以把辅导教师用作额外资源，而不只是让他们坐着辅导那个对他们日益产生依赖的特殊需求的学生。"

36

为什么教学目标
是教学评价的依据

　　我十分认同北师大赵德成老师所说的"某种程度上说，结果比过程更重要"的教育评价立场。一直以来专家们总是告诫我们过程比结果更重要，我们谁也不会去想这个立场背后的问题：行走的过程究竟为什么？辛辛苦苦走了半天，方向错了，南辕北辙，这过程究竟意义何在？难道仅仅为了反思和接受教训吗？原本可以在明确的目标下选择最佳路径的，为什么要鼓励南辕北辙呢？也许有人会反问，谁能保证最初选择的路径是正确的？我的问题是，那么还要教师干什么，备课或者说教学设计的意义又是什么？

　　《追求理解的教学设计》的作者提醒我们："首先关注预期学习结果，这样才有可能产生适合的教学行为。"我的一个观点是，任何一堂课的成败的关键在教学目标的设定与达成，你花了那么多的时间，不就是为了帮助学生获得相应的知识与能力吗？当然，我们也必须承认，"基于我们耗在教学上的时间与所承担的责任，当我们口头上说希望学生理解他们所学的知识时，行动上不能勉强为之，也不能对它的价值一无所知"，因为每一个学生的个体情况是不一样的，所以在教学过程中对具体的学生要具体对待。这涉及的是尊重差异的问题，属于观念与认知的问题，而不是简单的"过程"问题。

目标确定了，"我们就必须对教学内容作出慎重的选择，明确教学重点"。"在选择教什么或不教什么之后，我们必须帮助学习者了解所有学习内容中的重点内容。我们的设计应清楚地将这些重点告诉学生，让所有的学习者都能够回答下面的问题：最重要的学习内容是什么？各部分内容之间是如何衔接的？我最应该关注哪些内容？哪些内容是最不重要的？"这就是这些年来我一再强调教学目标必须让学生知道的原因，至于以怎样的方式与时机让他们知道，考验的就是教师的智慧了。

"接下来的挑战是确定少数几个大概念，并围绕它们进行精心设计，在这个过程中，要避免这一想法，即要讲解主题下每一个有价值的知识点"，因为"考虑对一门课程的教育评估，其中的一个大概念就是'可靠的证据'"。教学活动组织与推进，或者说学习任务实施必须指向具体的教学目标，任何偏离教学目标的活动不仅会浪费学习时间，甚至会给学生带来误导，不能指向结果的过程重要在哪里？如果说过程重要，这过程一定是指向"大概念"的。"大概念是学科的'核心'，它们需要被揭示，因此我们必须深入探究，直到抓住这个核心"；"抓不住关键思想以及不能将大概念与相关内容知识'联系起来'，留给我们的就只是一些零碎的、无用的知识，不能起到任何作用"；"获得一个学科的核心大概念有时会非常缓慢，学生需要通过教师引导的探究学习和反思才能获得"。这里涉及的依然是个体差异的问题，如果说过程重要，它指的恐怕就是教学过程中要关注到不同个体的差异，通过合适的方式帮助不同的个体在这过程中获得进步。

《追求理解的教学设计》提出的 UbD 要求，就是希望我们从学生出发，思考"真正理解了知识的学生会有何表现"，并将这个表现设定为我们期望的学习结果。这与《可见的学习》一书的观点是一致的。这也是我倡导"目标导向，任务驱动，尊重差异，当堂进阶"的教学设计与教学背后的教学理解与认知：有效的教学应该是可测评的。

37

课型与教学

　　课堂教学观察中常常会看到一些试卷或练习的讲评课，其共同特点不是对答案，就是老师一讲到底，偶尔喊几个学生将答案说一遍或到黑板上写一遍，这当中有不少老师甚至连学生的练习看都没看一眼就在课堂上口若悬河了。在我看来，这样的课比不上还可怕，不仅没有针对性，还浪费了学生许许多多的大好时光。

　　讲评课既然是课，至少应该考虑具体的教学目标与内容，当然还得考虑与目标内容一致的相应的重点与难点；既然是讲评，就不能只有讲，而没有评。至少讲评是要在对试卷或练习批改分析的基础上进行的，你连改都没改岂不是胡评？讲评一份试卷或一个练习，目的绝不是简单地对对答案，再说学生即便将这张试卷、这个练习的答案搞明白了，他们下一次遇到类似问题就一定能解决吗？以题论题的讲评一定是低效的甚至是无效的，一堂讲评课究竟要达成怎样的目标，必须在对学生的练习情况有了全面分析的基础上进行选择与取舍，是要聚焦在普遍性问题或这个阶段教学的重点知识与技能上的。讲评课的目的不外乎这么几个方面：

纠错，纠正知识与技能方面存在的错误，包括普遍性的与个别性的，从教学策略上讲课堂上的时间一定是指向普遍性问题的，个别性的问题可以通过个别指导去解决。

总结或者梳理，总结这个阶段所学的重点知识以及学习中遭遇的困难或者问题，探寻解决这些困难和问题的路径，包括某个板块的知识的系统化。

拓展或者延伸，也就是聚焦在某个关键知识上的相对深入而全面的展开，譬如变式，譬如强化练习等。

查漏补缺，这里涉及教与学两个方面，教师不仅要在试卷分析的基础上发现学生学的问题，更要发现自己教的问题，通过讲评弥补教与学的缺漏。与查漏补缺相呼应的，则是反思与调整的问题。通过反思发现不足，通过反思调整教学。

讲评课的教学方式，也应该是多样化的。

简单来说，讲评课既然是课，就要像堂课。教学研究必须关注不同的课型的教学策略与方法的探究。

知识型课程需要传授知识，一般的教学形式以讲授、示例、图表、答问、检测为主；技能型课程强调操作与实践，一般以"讲解—示范—实践"的方式进行；讨论型课程则需要提供一些引导性问题，引导学生讨论，提高他们的批判性思维和表达能力；研究型课程，强调问题或项目驱动，重在指导学生收集资料（数据）、进行分析、做出解释、形成结论（产品）；体验型课程重在观察、实践、反思。当然，也可以有别的课型分类：新授型、复习型、练习型、讲评型等。这些不同课型的教学侧重点与策略方式一定是不一样的。

38

小组学习、合作学习
如何才能有效

    关于如何有效地开展小组学习活动，我们建议老师们读读罗博·普莱文的《提升学生小组合作学习的56个策略》或者南希·弗雷等人的《教师如何提高学生小组合作学习效率》等，我在这里强调，有效的小组学习活动需从两人小组开始，有效的小组学习活动要给学生选择小组的自由，有效的小组学习活动要明确每一个学生的具体角色的具体任务，以确保每个成员都有事做，并且在做的过程中学会学习、互助、分享等。

    我们认为小组学习的有效开展要从两人小组开始，根据学习任务以及目标达成的需要，将学生分成学习小组，把每组的两个人确定为"A"和"B"。要求学生就某一个话题（譬如"为什么是'济南的冬天'而不是'冬天的济南'"）交换意见，互相切磋，"A"先进行提问，"B"进行针对性回答。然后"A"与"B"角色互换，再换个话题切磋。当每位学生习惯了在两人小组中积极自由地讨论时，慢慢走向四人小组或六人小组。原则上不主张大于六人小组。

学生的具体情况决定了他们参与哪个具体话题与任务的小组学习，因此，我们不主张固定小组成员，而主张让学生根据自己的兴趣与能力选择小组，当然教师也可以在充分了解学情的基础上，间隔一段时间将原有的小组打乱重新分组。所以，我们主张在设计任务时要尽可能从不同维度、不同形式方面认真考虑，尽最大可能让每一位学生能够选择到自己在小组学习中可以看到进步的学习任务。教师可以限制选择的数量（比如，从两种方式中选一个）或者给学生提供具有较小影响的选择（例如，可以选择记录而不是分享）。

要确保人人参与到小组学习活动中来，首要的是让每一位小组成员都有事可做。因此，要组织小组学习活动就要明确小组每一位成员的角色分工。以四人小组为例，首先要推选一位小组长，或者说召集人、主持人。这位同学应该是组内最有号召力的。然后就是记录整理者、代表小组分享者以及分享补充者。同时，还要让学生明确，分工只是各有侧重，不是各顾各的。慢慢地这些角色还要轮换。

詹姆斯·M·朗在《如何设计教学细节：好课堂是设计出来的》中说："教师们常常以为在课堂上采用讨论（小组活动或其他方式）而不是枯燥的讲解，就能让学生主动学习了，也能让学生对内容有更深刻的理解，不幸的是，情况并非总是如此。"詹姆斯·M·朗为我们分析了课堂讨论效益不高的原因："首先，教师只是模糊地命令我们讨论这些段落，我们并没有明确需要完成的任务；其次，在我们讨论的过程中，教师没有给予任何指导和监督，而是在教室前面不知道在做些什么；最后，可能我们的小组讨论和期末论文的写作与考试有一些联系，但教师当时并没有明确告诉我们其中的联系。"

我们总以为让学生四个人坐在一起就可以讨论了，譬如，"请讨论一下这道题错在哪里"，却没有提示要从哪些方面去审视这道题，没有提示学生如何从题干或题枝中捕捉重要信息，没有在学生"讨论"时发现他们的问题，也没有在学生"讨论"时发现学生实际参与的程度如何，更没有审视这题目本身有没有讨论的必要。有一回我在一所学校主持一个学生座谈会，在交流中，不少学生异口同声地说小组讨论的效果好，但在他们离开时，还是有位学生留下来同我说，他不认同那些同学说的效果好，实际上所谓讨论就是浪费时间。我倒不是要偏听偏信，因为这些来参加座谈会的学生不是我随机抽取的。异口同声，再好理解不过的，但总还是会有学生如《皇帝的新装》中那个孩子一样天真无邪的。

任何一种教学方式的运用都是要用心设计的，小组讨论的方式至少要像运动员训练那样，教练尽管不会替运动员完成动作，但也绝不会放任自由让运动员胡来。没有指导的小组讨论就如放任自由的教练一样是不负责任的。一个称职的教练是一定会在运动员自己练习之前做必要的示范的，他清楚不同运动员对同一类运动的训练会在什么环节出问题或难以掌握技巧，以及不同运动员训练时应将注意力集中在哪些环节，并且发现问题即将发生或已然发生时是会给予必要的提醒与指导。我们的问题往往在学生讨论时也是有巡视的，但却几乎无互动与反馈。不少课堂教学效率不高的原因往往就在我们安排的讨论环节，根本就没有很好地设计，只不过为讨论而讨论而已。人们常说体育教师四肢发达，头脑简单，但却看不到好的体育老师远胜于我们这些聪明人……

琼·利特菲尔德·库克、格雷格·库克在《儿童发展心理学》中说："合作学习是维果茨基理论的一个分支。通过合作学习，儿童能够一起努力，帮助彼此解决问题，分享彼此的知识和技巧，讨论大家的策略和知识。维果茨基一直强调社会环境会驱动儿童的认知发展，而更有能力的同龄人可能会成为儿童有效的中介。正努力接受一个新概念的孩子，如果与已经接受这个概念的孩子沟通，可能会受益良多。不过和其他形式的中介一样，合作学习也只有发生在儿童的最近发展区内才会有效。"

我以为作为教师在这当中首先得弄明白哪些情况下可以合作学习，哪些内容或任务可以合作学习。因此备课时对教材内容与学生的实际水平与学习能力的分析与评估就显得尤为重要，而在实际教学中选择什么样的教学方式，则更多地取决于教师的教学敏感与教学机智。作为旁观者，我们不到具体的课堂上观察是无法判断哪一种教学方法是合适的。

《追求理解的教学设计》的作者就有这样的提醒："我们不能因为合作学习是一种流行的教学策略就使用它。从逆向设计的角度来说，我们应该提出的问题是：什么样的教学策略能够最有效地帮助我们达到教学目标？面对特定的学生和标准要求，合作学习可能是，也可能不是最好的方法。"我以为这个提醒适用于我们对任何一种教学方法的态度。因为任何方法都只有在特定的内容与情境下才能发挥最大的效益。在没有弄清楚"这种"方法的原理与具体实施的注意点时就跟风，那就是有风险的。从我的立场出发，我更愿意将"合作学习"看着一种教学理念，而不是一种教学方式。

39

为什么要
降低教学难度

在一个区域的分享中，一些同行对我提出的从学生实际出发适当降低难度，确保学生能学多少是多少的建议有质疑：考试不会降低难度怎么办，教学任务不能完成怎么办？面对这样的质疑，我能应对的除了笑笑，就是反问一句：进度与难度上去了，学生掌握不了，或者干脆放弃怎么办？阅读霍华德·加德纳《多元智能新视野》中的这几段文字，或许我们会另有所思：

霍华德·加德纳说："若是想得到'为"理解"而教育'的结果，最认真的决定就是彻底缩减课程。如果有人希望拥有保证获得'理解'的机会，就必须放弃教学'覆盖一切'的错误做法。过分广泛的覆盖面就会导致肤浅：学生学到的只能是曾经在脑中装满，但在考试一结束就会马上忘光的东西，也就是那些考试中的多项选择题，或者只需要简短答案的试题。所以，应该转向'不覆盖一切'，或者套用另一句流行的口号，应该奉行'少就是多'的原则。"不同的学生基础不一样，接受和理解的能力不一样，以同样的标准要求不一样的学生，必然导致一部分学生囫囵吞枣，食而不化，乃至放弃。

霍华德·加德纳说："我也不认为，每个学生都需要学习所有的学科或相同的一组学科。我所赞赏的，是对于大多数学生来说，生命的第三个 7 年应和出生的前几年一样，最好鼓励他们进行较广范围内的探索，而将较小范围的专业知识的掌握暂时放在一边。还应该鼓励他们综合各项活动之间的联系，把课堂上学到的知识应用于课堂以外的地方。"什么样的学生能理解到什么程度真不是教育可为的，还有许许多多非教育的因素制约着，所以我还是主张读一读教育理论书籍，尤其是教育心理学、脑神经科学之类的著作，读了或许可以从中得到一些启示，也或许可以排解一些纠结。不读或许也不会出人命，但有可能将学生乃至自己逼疯。

霍华德·加德纳说："根据我的'为"理解"而教育'的看法，在开始时就应要求学生明白'理解'的概念，给出清楚的定义，并明确提出当学生离开学校的时候，对学生'成果展示'的要求，这是很重要的。一旦这么做，这些'最终状态'和'最后展示'就成为课程设计和评估程序的基础。在可能的条件下，应尽早向学生介绍这些概念以及'成果展示'的要求，使之有机会在学校多次接触时重温它们。"这让我想起约翰·哈蒂的《可见的学习》中提出的"可见的教导和可见的学习"理念，无论教还是学，都要能够让双方看得到，更要让自己看得到才有动力。

实际的问题往往就如霍华德·加德纳所言："我很惊讶地

发现，某一年级的老师常常不知道他的学生上一学年学了些什么，也不知道这些学生下一个学年将学些什么，好像年级与年级之间互相神圣不可侵犯，每年秋季开学时，一切都得从头开始。学生和家长对此同样无知和无能。相当典型的，就是他们都不关注学年、学期甚至课堂的连续性。上一个学年数学和英语课程所学的内容，似乎与下一学年的相同课程无关；历史课的写作练习，似乎很少考虑到与英语课或科学课的写作有什么关系。"我这几年经常表达这样一个观点：我们不少教师为下一个年级（学段）培养了大量的不合格的新生，而下一个年级的教师则大多以合格的新生要求这些学生，能将他们教好才怪。

借用一下霍华德·加德纳的这段文字，强调一下教师为什么必须熟悉课程，为什么在新授前必须重视对学生应知应会和实上知道多少、会了多少做一些必要的"前测"的意义。另一个方面是我们必须认识到，无论教师还是学生花了那么大的气力却一无所获，不放弃才怪。

40

为什么要坚持
"'教—学—评'一致性"

　　"'教—学—评'一致性"与"'教—学—评'一体化"这两个概念在实质上有区别。虽然它们都强调教、学、评三者的关联性，但侧重点不同。"'教—学—评'一致性"，更强调在教学过程中教、学、评的目标和标准应该是一致的，即教的目标是什么，学就应该以什么为目标，评价时也要以此为标准。教、学、评的一致性可以使教学过程更有针对性，更有效率。相比之下，"'教—学—评'一体化"强调的是教、学、评应该密切配合，形成一个整体。这是指在一个完整的教学过程中，教、学、评不仅目标应当一致，而且其过程中的每一环节都要紧密相连，互相影响，互相促进，而不能孤立存在。

　　维特根斯坦说："哲学的目的是在逻辑上澄清思想。哲学不是理论，而是活动。哲学著作本质上是由阐明所构成的。哲学并不产出'哲学命题'而是澄清命题。没有哲学，思想就会是混乱和模糊的。哲学的任务就是使之清楚起来，并赋予明确的界限。"因此，对于含糊的教育概念，研究者在进行教学设计或者课题研究时，需要明确自己对该概念的理解定义，同时认识到其可能的多元性和复杂性，从而在研究中加以解构和探讨。例如，对"教育公平"可以从资源分配、教育机会、教学效果等多方面进行具体分析和研究，对"学习能力"可以从认知能力、运用能力、创新能力等多个视角对其进行拆解，以帮助研究者深化理解。

简单来说，"'教—学—评'一致性"与"'教—学—评'一体化"这两个概念中字面上的区别是"一致性"与"一体化"，"一致性"更多地着眼于标准化与规范化，强调目标与标准要一致，而"一体化"则强调"教—学—评"的过程中各个环节的完整性和联系性，视"教—学—评"为一个不可分割的整体。新课程方案与课程标准的表述是"'教—学—评'一致性"，其用意应该是明确的，其目的是确保教学过程中的各个环节能够以相同的标准进行，即教学目标、教学内容、教学方法和教学评价等各要素应相互协调，共同服务于确定的教学目标。一致性的目标是保证学生的学习过程和教育成果能尽可能适应社会需求和教育目标，避免出现诸如"教和评不一致""教的和学的不一致"等问题。

"一致性"并非要求一模一样，而是在共同的目标下需要有相同的瞄准点、相互匹配，而具体的实现方式、手段和策略可以因地制宜，灵活多变。另一方面，"'教—学—评'一体化"更强调教学过程中各环节的联系和互动，视教学过程为整体过程，而非孤立的步骤。"一体化"的原则强调在教的过程中就要注重学，学的过程中融入评，以达成统一的教学目标和效果。这就要求教师在教学设计上有充分的考虑，在实施教学过程中不断反思、调整。这两个概念既有区别又有联系，可相辅相成，在实际教学中需要根据具体环境和学生需求灵活运用。但作为课题研究核心概念，"'教—学—评'一致性"还是"'教—学—评'一体化"，必须前后一致，不可以跳来跳去，摇摆不定。

如果对"'教—学—评'一致性"还是"'教—学—评'一体化"感到困扰，可以尝试从以下几个方面来确定：想明白你的研究目的是什么，是关注教学评价环节中目标和实践是否一致，还是关注教学评价各个环节之间的整合性？前者适合采用"'教—学—评'一致性"，后者适合采用"'教—学—评'一体化"。搞清楚你的理论框架是建立在强调标准一致的理论基础上，还是强调教学评环节整合的理论基础上，也可以回顾你及你的同行以往的关注点是"'教—学—评'一致性"还是"'教—学—评'一体化"，如有可能还要通过数据收集和分析评判你重视的是教学评价环节的一致性还是一体化。然后通过同行审议和专家指导评估一下是研究"'教—学—评'一致性"还是"'教—学—评'一体化"更有可能做一些理论或实践讨论。

"'教—学—评'一致性""'教—学—评'一体化"是观念，而从观念到行为有一个漫长的过程，我不反对起初格式化的操作，但反对将格式化视为法宝。传统的教学方法一样可以是"'教—学—评'一致性""'教—学—评'一体化"的，或者说"'教—学—评'一致性""'教—学—评'一体化"原本就是客观存在的，只不过我们是无意识的，是随意而率性的，许多情况下正是教师不恰当的评价反馈挫伤了学生的学习热情。

实际教学中不少知识与技能是需要直接讲授的，班级授课制，从效率视角审视，讲授法（直接教学的一种）无疑是最佳的方法，但讲授法不等于照本宣科，至少有个怎么讲的问题需要教师认真思考、认真准备，讲的过程中必须"想明白，讲清楚"，必须尽最大可能关注更多的学生，在必要的时候停顿、重复，转化讲述的句式，包括对某些学生的直接提醒等，这背后就有教师的现场评估与反馈。"'教—学—评'一致性""'教—学—评'一体化"不应该排斥老教师的传统教学方法，要做的是如何让他们确立"教学评同一"的教学观念。

做教师，如果能在教授知识的同时，有意识地观察学生们的理解和接受程度，及时调整教授的方式，并让学生感受到教师的反馈，就是有了"'教—学—评'一致性""'教—学—评'一体化"的意思了。当然，好的"'教—学—评'一致性""'教—学—评'一体化"必须从教学目标的设定与调整开始。

至于如何在课堂上实施"'教—学—评'一致性"，感兴趣的朋友可以结合下页图看看拙著《语文何为》中的《语文教学如何实现"教—学—评"一致性要求》。

"'教—学—评'一致性"的实施

重点与可能的难点

课标与教材规定的重要内容，为什么重要？
学生在学习中会遇到什么困难？

由目标走向结果

以往所学与今天所学之间有什么联系？
要真正掌握所学，学生需要理解什么，准备什么？

如何在学生学习过程中给予适时帮助与引导？
教学过程中采取哪些评估反馈手段？

这一内容学过以后，需要哪些跟进？
用什么证据来说明学生的学习程度？

一次有效的教学

掌握知识与形成技能的过程与方法

我的学习目的
1.
2.
3.

知晓预期的目标

推动目标达成的策略与方法

对目标达成的监控与评估

我要到哪里去？（成功标准）
我已经到了哪里？（离成功标准有多远）
下一步去哪里？（以怎样的努力接近成功标准）

一次真实的体验

教与学中存在的问题该如何改善？

教与学的改进

41

"新高考""新课标""新教材"背景下课堂如何转型

"新高考""新课标""新教材"背景下课堂如何转型（其实我更想说是回归，回到教育规律上来，回到教学常识上来）？

（1）在"新高考""新课标""新教材"背景下，必须理性地应对以下四个问题。

第一，必须正视选科指导与生涯规划指导的针对性与可行性的问题。虽然我们江苏有十多年的"08方案"选科指导的经验，但平心而论，学生选哪种组合在某种程度上是他自己做主的吗？高考改革的宗旨之一是，增加学生自主选择权，引导学生良性竞争，实现学生学习的合理减负、科学减负。这当中学生的生涯规划指导的工作可不是那么简单的一件事。学校对学生职业生涯规划的指导需要有经验的生涯规划师在研判学生的生活经验、受过的教育和训练、对社会职业的了解、学业基础等方面做全面的一对一的咨询，才能给出个性化的建议。在这一过程中，教师和家长能做的就是给予适当的辅助，其方法自然包括专业的测试和面对面的疏导。相对来说，基于大数据借助专业的生涯辅导显然更靠谱，能给孩子更有价值的指导。问题是，我们有这方面的师资准备吗？更重要的问题是，我们有必须重视这项工作以及必须为这项工作做得好一点而有意识地引进或培养这方面的师资的意识吗？

第二，常规课程与选科课程之间的关系的处理的问题。至少涉及学生选择某一学科人数多少的问题。从选科人数的角度来看，可能会出现某学科今年的老师不够，但是到了明年则可能有部分老师没课上这样的"结构性超编"与"结构性缺编"的实际问题（譬如江苏第一次进入"3+1+2"模式就出现了物理、历史教师相对紧缺，而化学教师相对富余的问题），这问题会给学校管理带来巨大的挑战，同时也给这些被选学科的老师带来了挑战。如何应对？我以为，从学校的角度来讲，可以梳理近五年到近十年本校学生进入的高等院校的类型与科系的情况（一般而言，具体的学校的学生去向是相对稳固的，这是由学校的文化决定的，这当中当然会有变化），可能就会发现本校学生近五年、十年进入的大概就是那些学校、那些专业。当我们认认真真研判了这些学校与专业的招生要求的时候，就可以从学校的实际出发确定相关组合的数量了，当然，还要根据"院校专业组 + 专业（类）"的要求来开设相应的校本选修课程。这样研判，才可能使生涯规划指导做得相对精准，而不是强加的，更不是盲人摸象的。当然，在具体的实施过程中还得给一定的时间让学生调整修改，比如高二选科运行一个月以后可以允许部分学生重选。

第三，必须从课程标准出发理解教学。"08 方案"推行了十多年，试问这十多年的教学有多少时候是从单元出发、章节出发实施教学的？我们的课堂教学又有多少是从课程标准出发的？《普通高中课程方案（实验）》要求在教学中实践"模块教学"，"每一科目由若干模块组成。模块之间既相互独立，又反映学科内容的逻辑关系。每个模块都有明确的教育目标，并围绕某一特定内容，整合学生经验和相关内容，构成相对完整的学习单元；每一个模块都对教师教学行为和学生学习方式提出要求与建议"。这么多年来，在多少学校中、多少课堂上有这样的实践探索呢？

第四，课程的重构问题。重构课程必须注意，今天国家的口径是落实国家课程，而不再提国家课程校本化，也不提倡编写校本教材。除了在实施课程教学中必须重组教材，以便更好地落实国家课程，在学校课程建设中，我们还可以做什么，还能做什么？我以为，关键是学校管理者必须在发动全体教师研究"新高考""新课标"要求的基础上，拿出一套适合自己学校的课程建设与实施的方案来。其次，从应对"新高考"的视角出发，要围绕学生综合素质评价的五个维度来为学生设计相关的体验性、实践性、过程性的课程群，以促进和帮助学生提升"新高考"要求的五个维度的综合素养。同时为学生的综合素养评价提供佐证性的资料，防止考核评价的弄虚作假。

（2）在"新高考""新课标""新教材"背景下，高中教学在转型过程中必须增强以下几个方面的意识。

首先是目标意识。"新课标"明确提出了高中各科指向三个不同目标的课程教学系统与要求。（即作为"毕业依据"的

"高中学业水平合格考试"之"必修课程";作为"录取依据计入高考总成绩"的"统一高考科目及学业水平等级考试"之"选择性必修课程";用于"自主招生或社会考试命题依据"的"兴趣特长、高校自主招生"之"选修课程")

"新高考""新课标"背景下，学校的课程实施目标一定要有针对不同学生群体的不同需求的意识。但无论如何不可以忘却的是：学科教育的宗旨必须在教育的宗旨之下。我以为，从教育的目标出发，学科教育的目的有获取知识、提升技能、发展思维、培养兴趣、发掘潜能、增强社会责任等，因此，学科教学的重要任务就是为学生的精神生活提供一切可能的空间，而绝不只是单纯的知识教学，胁迫学生做题和考试。学科教学应指向心灵、指向灵魂。学生跟教师学什么？最根本的是会学习、有智慧，会合作、宽以待人，具有健康的状态、积极的人生观念，以及严谨的科学态度和脚踏实地的实证精神。

其次是课程意识。我以为，理想的教学目标必须是在教育目标统摄之下，从课程目标出发的。

我的建议是，学校教学部门（最理想的状态应该是区县教学研究部门），要组织学科教师做这样一项工作，那就是要对照课程标准提出来的"学科核心素养"和本学科的教学目标，结合具体的教材文本梳理本学科的"学科核心素养"与教学目标，应该（或者说可以）在哪一册教材、哪个章节、哪个板块、哪个单元、哪一课中去落实。这是一项系统的工作，也是一项必须认真对待的工作。如果没有这个意识，没有相应的行动，是会影响学生未来的高考的。简单一点说，增强课程意识，就是要提醒教师们在课程的体系内来设计教学。

第三是跨界意识。跨界意识强调的是跳出学科看学科。《关于新时代推进普通高中育人方式改革的指导意见》明确要求："优化考试内容，突出立德树人导向，重点考查学生运用所学知识分析问题和解决问题的能力。创新试题形式，加强情境设计，注重联系社会生活实际，增加综合性、开放性、应用性、探究性试题。""新课标"也明确提出，必须针对学生对生活的体验少的事实，在社会变迁、教育变革及新课程改革的要求下，通过项目学习等新的学习方式来提升学生的学习能力，为他们的未来发展和终身学习奠定基础。

从学生综合素养培育与提升的立场出发，学校的相关课程的开发与实施，我以为更多的是要以"项目学习"的方式进行的。比如，"垃圾分类与人类生存"的话题，它的主学科是什么？是环境科学，环境科学在学科课程里是属于地理和生物的，然而要研究这个问题不单单是地理、生物的知识足以应对的，它还需要运用人类学、社会学、政治学、经济学等方面的知识。这里就有一个学科跨界的问题。而在实际的教学指导中，又需要教师和学生具备综合意识。

第四是综合意识。我以为综合意识是与跨界意识属于一个问题的两个方面，当我们有了跨学科学习与指导的意识和行为的时候，综合也就在其中了，当然除了跨学科的综合，还有学科内的综合（关于这一点，在2019年我主编出版的《新高考，新方案》一书中有比较详细的阐述）。我给学校管理者和教师的建议是，在"新高考""新课标""新教材"生态下的教学研究，必须倡导教师跨学科听课，跨学科备课，因为不同学科的教学或者某一学科的某个知识点有可能会触发对本学科教学的思考，甚至会帮助我们来设计本学科的教学，提升学生对本学科的学习的兴趣和学习的效率。

第五是实践意识。实践简单地说就是一个字——"做"。"新课标"倡导"项目式学习"，项目学习有"五大特征"（其实也可以理解为五个环节），即"驱动问题""真实情境""多方协作""提供技术脚手架""学习成果（作品）"。除了"问题驱动"这个环节，其他几个环节就是实践。任何一个方案、任何一门课程，设计得再完美（其实设计的过程，也可以视为一种实践，一种由理想到"方案"或"方案文本"的实践），没有具体的实践，拿不出具体的学习成果（成功的、失败的），那就只是空想。从考核评价与应试的角度审视的话，也就难以拿出具有说服力的实证性材料。直白一点地说，没有强烈的实践意识，也就无所谓"新高考"与"老高考"，"新课程"与"老课程"之分了。

第六是质量意识。2017 版的高中"新课标"，除了出现了"学科核心素养"外，另外一个变化就是明确地提出了"学习质量标准"，这在 1949 年以来的所有的教学大纲和课程标准中第一次出现。我在前面说到，要落实"新课标"提出来的课程目标，需要的不仅是差异化的教育理念，还需要有实现差异化教育的相应的教学策略。从评价的角度来看，还要积极探索差异化教育理念下的评价策略与方法以满足三类不同的学生群体的不同要求。

（3）在"新高考""新课标""新教材"背景下，必须重构与之相适应的课堂文化。

最后谈一谈今天我们需要构建怎样的课堂文化。要谈课堂文化，首先必须了解教学文化。普遍的说法是，教学文化是一种活动文化，旨在激活和创造师生之间资源分享、传递信息、理解知识、发展能力或生成新知识等方面的行动和变化。这是一种超越学科知识本身的文化，是在师生互动中形成的教学规范、价值取向、思想观念和行为方式的整合。而课堂文化是一种特殊的聚合化的文化，并带有一定的情境性，主要体现的是一种氛围，是一种人的精神气象。课堂是由一定数量的师生人数所构成的，有一定的课堂风气和氛围，师生之间构成了特定的环境，在这个环境中，每个成员都扮演一定的角色，遵守一定的规范，确立共同追求的愿景，形成一定相互影响的氛围。教学的力量主要是通过这种环境或氛围而改变师生的。

课堂文化如何建设？我以为，在今天需要确立"以学习为中心"的教学理念，这"学习"既是学生的，也是老师的。接下来要考虑的就是"教和学的规范"（怎么教、怎么学如何跟今天的"新高考"和"新课程"改革相匹配、相同步）、"教学环境建设"（教学环境如何为学生的学与教师的教提供方便）、"教学策略的优化"（课堂教学中如何将学生的注意力吸引过来，如何在教学过程中帮助学生提升学科素养）、"教学活动的设计"（如何转化教材，如何整合教学资源，如何组织学生的学习与探究、分享等）、"教学的反馈与评价"（立足于不同学生个性差异与需求的反馈与评价）等具体的操作性的问题了。而这些问题的解决方案与具体的实践活动，则需要学校管理者与教师通过一定的理论学习与专门的培训，才可以慢慢地找到适合具体学校、具体学科、具体教师、具体教学内容和具体教学场景的课堂教学文化建设路径。我以为要建设"以学习为中心"的课堂文化，就目前而言亟须解决的就是如何真正做到"尊重差异"提供"多元选择"，亦即如何在分班组合与具体的课堂教学中确保每一个学生都能得到相应的提升，限于篇幅这里就不赘述了。简单地说，就是学校无论是在编班组合还是课堂教学中，都要有满足不同学生的需求的意识与实际的行动。

还有个课堂节奏控制的问题。课堂教学是要讲究节奏的，菲尔·比德尔在《如何更好地教学：优秀教师一定要知道的事》中说："教学像现实生活，如果掌握好了节奏，你就省了很多麻烦。事实上，教学节奏的效果被严重低估了，也很少有人提及，但是它的确存在。"其基本策略就是当我们要讲话之前，或者要强调重点时先停顿一下（包括有学生发言时也必须及时提醒其他学生），让学生放下书本，放下手中的笔。"一旦全班的学生都放下手中的笔，一个个地在看着你，就等一下。等一会儿，再等一会儿……停顿一下……再等一会儿……然后……多等一会儿……开始讲话。这么做，你就能保证，整个班级的焦点和学生的注意力都集中在你身上，他们不会像往常一样分散注意力，你同时也设定了课堂教学节奏。如果没有停顿，而是用特快的速度讲课，你其实就在传递紧张或者烦乱，那么学生就会产生相应的紧张和烦乱。相反，如果你在讲课或者布置作业前，放慢节奏，然后很轻松、很简洁、很诙谐地导入要讲的课堂内容，那么你也会得到学生同样的反应。"

任何一位教师都需要增强倾听的意识，如果不能耐心地倾听，也就不可能"以学定教"（这里的"学"我更多的是指"学情"）。倾听的前提是要做好听的准备，任何时候、任何个体没有进入"听"的状态，他者说得再具体、再到位、再深入也是白搭。无论是教师的讲授、演示，还是同学的发言分享，没人注意，或者很少有人注意，如何发挥作用？

尽管人们对标准化考试有许许多多的诟病，我也不赞成为提升成绩而延长学时与刷题，但在考试形式没有改变的境况下，帮助学生尽可能在这样的考试形式中提升成绩，无论从哪个视角考虑都是教师应尽的本分，区别则在手段与方法上，当然从认识论角度来看，也有动机上的区别。以"不与应试教育同谋"为借口放任自由，而不在教学设计与教学组织上花气力，则属于没尽职、没履约的行为。

从教学关系上来看，没有教何来学？从教学管理和教师的功能视角来看，无论学校还是教师都应该有以教促学，为学生的学负责的意识。所谓学生立场，不就是要为学生的学服务吗？

不认真研究如何教（如何有效地教、如何通过教促进学生的学、如何在教的进程中有针对性地帮助每一位学生的学），再理想的理念，再响亮的口号，再火热的改课，除了折腾还能有什么？

42

如何理解
"教学主张"

　　我的建议是，既然我们谈主张，这个主张就不能单单守住是"自己的"，更要搞明白自己的主张是从哪里来的，至少我们得回顾一下自己这么多年来的教学实践，以及在这过程中对本学科的学科性质、地位、功能、目的及内容是如何理解的，还有就是自己在课堂教学中是如何操作与改善的。这当中既有认识层面的东西，又有操作层面的东西。既然是所谓主张，我们总不能只停留在操作层面，多多少少总要有点理论支撑。还是要翻翻书，从教学论的、心理学的、教育哲学的、哲学的慢慢往上，哪怕每个方面就翻那么一本，所谓以己昭昭，方能使人昭昭。

　　简单来说就是，作为学科老师，我们至少要搞清楚自己任教学科的学科性质、地位、功能、目的及内容（这就是所谓认识论），以及这么多年来自己是怎么教学的（也就是所谓的方法论），然后还要尝试着寻找它的理论支撑。我始终认为教学活动是一种实践活动，但缺乏科学理论的实践充其量就是摸着石头过河，拿学生当小白鼠。果真如此，我们那个主张带来的会是什么呢？

　　尽管我认为每个人的教学行为总是受自己有意无意的主张左右与支配的，但真要表述出来，麻烦。不知道从什么时候起，各类"高阶""名师培养"活动中导师们总要指导培养对象弄出个教学主张来，于是问题来了，主张与方法、策略、流程、模式是一回事吗？显然不是。主张是什么？词典上的解释一般是，主张即看法，即见解。教学主张是一个人对教学是什么和怎么做（教）的意见。好玩的是专家教授自己对这些概念都没有搞清楚，居然写出了如何提炼教学主张的鸿篇大论，导师们还将其奉为圭臬，这就难怪以往所见的那些名师们的教学主张不是主张了。最为热闹的是语文学科，什么"诗意语文""人文语文""无痕语文""深度语文""简约语文"……可以说举不胜举。

　　细想想，作为一个教师，无论你"有名"与"无名"，你的教学主张就在那里。对此，我曾经有过这样的表述："作为教师，无论你有意还是无意，在实际的教学行为与教学言论中总是有个人的认知与理解的，随着教学经历的增长，随着阅历的丰富，慢慢地就可能由无意到有意、由不自觉到自觉地去思考和厘清自己对学科教学、学科教育目标、性质与任务的认识，也可能会审视自己对所教学科的教学主张到底是什么，教学主张与教育的价值之间究竟是怎样的一种关系等问题。只不过许多时候也就停留在某个层面而懒得深入地探讨与建设而已。"当然，从现行行业层面来看，作为一定范围内的"名师"如果没有个叫得响的教学主张似乎与"名"不符。理一下不无道理。问题是这表述应该是个性化的见解与认识，更是体现教学常识与规律的。因而它的表述是要推敲的，不仅要清晰明了，还要简洁深刻。所以，如果想成文，我的建议是不要急，先读点教学论、课程论等方面的书，尤其是教育哲学之类。哲学就是提醒人们思考是什么，不是什么，从哪里来，到哪里去的。"我"的教学主张，就是"我"认为教学是怎么一回事，应该怎么教（我更主张可以怎么教），"我"将通过"我"的教，将学生乃至自己带到哪里去。这当中有个"道"与"术"的区别的问题。教学主张的表述，千万别将"道"与"术"混为一谈，免得将来自己也觉得荒唐。回想回想自己一贯以来教学行为背后的东西究竟是什么，不要急，一急，弄出来的东西是会出问题的。

如果说教学主张就是自己对教学的见解，这主张虽然要关注学科特质，但更要关注教学。我历来的观点是，作为教师就学科教学看学科教学是走不远的，因为教学活动是主要的教育活动。我认为，教学活动的背后是教育主张。作为一定层面的"名师"如果只是在学科的视角看教学，自然更多的关注就只在"术"的层面，于是将主张与方法、策略、流程、模式混为一谈也就不奇怪了。

在谈教学主张之前，还是要厘清一下教学方法、教学策略、教学流程、教学模式这几个概念的内涵与外延。教学方法包括教师教的方法（教授方法）和学生学的方法（学习方法）两大方面，是教授方法与学习方法的统一。教学策略一般指在特定教学情境中为完成教学目标和适应学生认知需要而制订的教学程序计划和采取的教学实施措施。教学流程也叫教学过程、教学步骤、教学程序，是指师生在共同实现教学任务中的活动状态变换及其时间进程。教学模式一般而言是指在一定教学思想或教学理论指导下建立起来的较为稳定的教学活动结构框架和活动程序。与此相关的还有一个概念，是教学风格。什么是风格？风格即个性。教学风格是以一个人长期以来的教学模式为基础的，是个体性的。有什么样的人，就有什么样的风格。一个人的教学风格与他的个人禀赋、学养、经验、追求，尤其是眼界有着密不可分的关系。教学风格是一个人在自己的教育哲学、教学哲学影响下形成的独特而相对稳定的教学行为与格调。

在我看来，教学主张是基于一个人的教育哲学、教学哲学、教学追求、教学理解对课堂教学的见解和认识，这当中的关键是对教师与学生之间、教与学之间的关系的认识，以及在这认识影响下的对教育、课程、教材和教学的理解，这理解自然会影响自己的教学行为。可以肯定地说，教学主张是统摄教学方法、教学策略、教学流程、教学模式的。可以这么说，有什么样的教学主张，就可能有什么样的教学方法、教学策略、教学流程、教学模式。即便他没有明确的教学主张的表述，也是如此。

那么一个人的教学主张的形成是怎样的？就我个人的经验而言，是由模糊走向清晰的，这当中贯穿着不断地反思与矫正，在实践中不断丰富其内涵，使其丰满起来。我在一篇文章中对自己的教学主张的形成做了这样的回顾："二十多年前，有人问我，你的教学主张是什么的时候，我还真没当回事。我有自己的教学主张吗？我需要有自己的教学主张吗？如果需要有，那我的主张是什么？这还真是个问题。既然有人向自己提出了这样的问题，是不是该认真地捋一下呢？于是我开始有意识地审视自己一路走过来的经历，在回视自己的教学经历的同时，有意识地读了一些教学理论著作，认真研究了身边一些同行对自己的教学实践以及教学言论的批评与建议……于是慢慢地有了这样一些文字:《我的语文教学观：遇物则诲，相机而教》《教育价值应成为学科教学的追求和旨归》《我为什么主张'遇物则诲，相机而教'》，也有了一本阐释自己读语文教学系统认识的小册子《有趣的语文：一个语文教师的'另类'行走》。"我的教学主张就是这么慢慢地，慢慢地进阶提升的。

如上所说，教学主张牵扯到不少相关的要素。一个维度是教育哲学、教学哲学、教学追求、教学理解等。一个成熟的教师，有必要思考自己的教育哲学是什么，它的下位教学哲学又是什么。一个人的教学哲学的基础则是他的教学追求，而教学追求的基础又是一个人的教学理解。这其实是一个由形而下到形而上的过程，如下页图所示。

我的教育哲学用一句话表述就是"教育是使人成为人的命业"。具体地来讲，教育是使自然人成为人的事业。我这样的教育哲学，影响了我的教学哲学"教学活动是一种生命的互动"，同时也反映了我对教学关系的理解。那么我的教学追求又是什么呢？是"三个关注"——关注生命、关注生活、

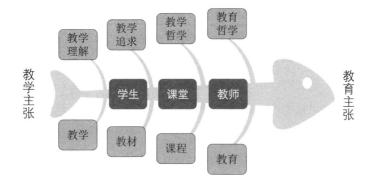

关注生长。我最初对课堂教学理解是什么呢？我以为是教学就是彰显生命的舞台。每个人都充当着"一场戏"的"戏"前、"戏"中、"戏"后的各种角色。当初，我也就是这么一说，后来当我在本尼迪克特·凯里《如何学习》中读到下面这段文字时，还真觉得自己理解是合理的："我们不妨把大脑的不同区域看作电影摄制组的工作人员。摄影师负责取景、构图，他们把镜头拉近、推远，然后用胶片录下影像；录音师负责录音，他们会调整音量大小，并过滤掉背景噪音。还有剪接师和编剧、绘图师、道具设计师、作曲家，他们负责展现角色的语气、感受，也就是情绪的表达，还有专人保管书籍、整理财务单据、记录人物与事件。再就是导演，他会决定将哪段剪辑放到哪里合适，恰到好处地把前因后果都编织到一起，从而演绎出一个完整的故事来。这个故事并不是随意编就的，而是针对灌输到你各个感官中的原材料所作出的最恰当的诠释。"我以为，这段文字谈的就是学习者角色的多重性。

另一个维度是对教育、课程、教材和教学的理解。我的教育哲学告诉我教育是一种社交活动，教育关系是一种"我"与"你"的关系。而课程呢，就教而言就是"教程"，就学而言则是"学程"；教材则是落实"教程"和"学程"的媒介。教学活动就是师生通过教材所发生的社交活动，这当中尽管有不少预设的因素，更有许多不可预设的因素，所以要"遇物则诲，相机而教"。我的建议是，我们在梳理教学主张的时候，必须搞清楚自己对教学的理解是什么，如果说学习是"把你知道的输入你的大脑"的过程，那么教学就是"教学生如何把知道的输入大脑"的过程，这牵扯到的就是方法、策略、流程、模式了。

当然，如何理解教学主张所涉及的要素，不同的人自然有不同的立场，我们南通的严清先生认为教学主张应包含教学目的（价值论）、教学认知（本体论）、教学关系（主体论）、教学行走（工艺论）等多维空间，不是冠个时髦名词自恋自嗨。他是这样阐释他所谈及的要素的："我的教学目的：和我的学生共同享用我们创造的语文生活；我的教学认知：语文是人之本质的符号化，在耳为语，在目为文，用'有意识的声音'和'有生命的图符'来完成人的表达和表征；我的教学关系：主体间性、班级授课制语境下的教师中心与学生学习自由（审美）并行；我的教学工艺：法度潜隐于艺术化的流程中。"我以为，严清先生的理解自然是在他的教育哲学和教育主张影响下的理解。而且，我尤其认同他所谈到的"教学目的（价值论）"这一要素，因为教学的目的是我们对教学宗旨的理解。任何教学行为总是为达成教学目的服务的。可以这么说，理解教学的第一步，就是要搞明白教学的目的是什么。而要弄明白自己的教学主张是什么，这也是首先必须弄明白的一个要素。

如果我们一定要将自己的教学主张陈述出来，首先要做的是回顾自己这些年来的教学实践与教学思考，捋一捋左右自己的教学行为的东西究竟有哪些，这当中最为根本的东西是什么。我以为，从我们开始教学的那一天起，我们的主张就在那里，只不过不自觉、不清楚，更不理解而已。慢慢地当自己的教学经验丰富了，阅历增长了，就会觉得自己的教学与别人的教学是有一些不一样的，这不一样的背后就是自己的价值取向决定的。但是，它是我的主张吗？当初钱梦龙先生说我"备课精细，功底深厚"，肖川老师说我"大气磅礴，细处摄神"，陈有明先生则总是提醒我"你就是凌宗伟"。这些只是他们在我的教学中看到的教学素养、态度、个性、风格，但都不是我的教学主张，我的教学主张是"遇物则诲，相机而教"。这主张就是我对教学是什么和怎么做（教）的意见。这是我在对自己的教学理解与教学行为的反思与批判中慢慢由模糊走向清晰的，当然其阐释也是不断完善与修正的。而要自圆其说，就需要读点书了，更需要有对自己的审视与批判，而不是将希望寄托在导师们身上。我以为，这过程是一个不断学习、不断实践、不断反思舍弃与重构的过程。教学主张，一定是自己的，而不是别人给你概括的，别人看的是你的教学行为是不是体现了你的主张。

随着时间的推移，一个人的教学主张是会不断完善与丰富的，甚至也是会发生变化的。一个人的教学主张也可能是多元的，因为随着一个人的教育背景、教学经历和教育经验的丰富，对教学的理解与认知也会丰富起来，其主张可能会随着教育实践与反思而不断发展和丰富。

43

为什么要逃离
"叙事陷阱"

　　保罗·多兰在《叙事改变人生》的扉页中写道："谨以此书献给逃离'叙事陷阱'的人，希望本书尽绵薄之力助你过好生活——多一些自己选择，少一些他人评判。"何为"叙事陷阱"？作者是这样说的："关于如何过好生活，我们听到过各种各样的故事。这些主流的社会故事告诉我们要事业有成、要追寻真爱，还要保持健康。这些故事有时确实能给生活提供指导，让我们活得更轻松，甚至更幸福，但是它们本质上毕竟是故事，并非源于现实生活中的真人真事。因此，它们最终可能会造成社会的某些不和谐因素，反而弊大于利。我称之为'叙事陷阱'，它们构成了美好生活的神话。"由此，我想到了教育叙事写作与教育报告文学的阅读。当我们认识到类似这样的"社会叙事"，本质上只是"故事"，而并非源于现实生活中的真人真事，或者教育生活中虽有其人其事，但书写者已经掺入了大量的艺术手法，如夸张、渲染等普遍问题时，就有可能自觉地防止被这些所谓鲜活而真实的"社会叙事"所欺骗和蒙蔽，以不至于陷入作者为我们设置的

"叙事陷阱"，督促我们思考这些"社会叙事"是不是谎言。

至于我们在进行教育叙事与教育报告文学写作时，作者的提醒是必须意识到"追求教育的社会叙事影响力太强""我们需要打破'教育是通向美好生活的唯一道路'的观念""我们需要知道教育应该在何时'适可而止'，尤其是在关乎幸福方面。毕竟生活在痛苦中并不是什么好事，也不是明智的选择"。作者认为："人们也许有种天生的欲望，但关于'追求'的叙事更加促使人们无止境地沉迷于金钱、成功和教育。社会叙事放大了人的欲望。"由此我又想到了那句"好教师是写出来"的名言之所以被奉为金科玉律的原因了。作者还说："如果你是一名研究者，你可能会更关注叙事对人类行为和幸福的影响。叙事是学术研究的无形基石。学者们以客观性为幌子，将自己的叙事纳入研究中。"请回过头翻翻我们曾经读过的教育叙事，看看有多少不是在客观性的幌子下贩卖成功学的？尤其是那些写出来的名师的教育叙事。他们可是转身成了研究者哦。关于这一点，《人类学与认知挑战》的作者莫里斯·布洛克也有比较经典的论述："由于叙事或视觉的介入，个体对虚假的自传体验产生了真切感受。"因为"在任何社会情境中，我们都想象对方的心智正在想象我们的心智，而且我们一直都在让自己想要传达的东西对这种心智读取活动做出适应"。于是，我们就在不知不觉中被那些生动而感人的情节绑架了，不再去甄别真伪。

因此，我觉得保罗·多兰的这个提醒很有价值："社会叙事会困住自己，也会困住周围的人。"因为"在代表他人做决定时，我们显然会受到'追求''关系'和'负责'叙事的影响。"我们所见到的教育叙事，有多少不是在代表他人做决定呢？

那么我们如何看待教育叙事？诚如作者所言："财富、成功和教育都值得努力追求，但要知道'适可而止'"。所谓过犹不及、物极必反，我以为教育叙事还真不可以多写，也不宜多读，因为写多了，读多了，难免就将掺杂其中的文学成分当真了。

问题是在今天这个人人都是自媒体人的时代，"违抗社会叙事对我们来说是极大的考验。社交媒体如今发挥着强大作用，让这项任务变得更为困难"。因为"社交媒体充当了我们的数字面纱，这也不是什么新鲜事。在现实世界中遭到反对的行为，却在社交媒体上大行其道"。君不见许多现实社会中看起来温文尔雅，甚至显得有些笨拙的人，一旦进入社交平台，就变得肆无忌惮了？"屏幕后的我们用着匿名账号，与网友隔着千山万水，我们不必为自己行为的后果负责：我们不会受罚，也不会明白自己伤害了多少人。在社交媒体这种环境下必定会滋生更多不良行为，我们也很难知道该如何应对。"这就是我为什么一直坚持在社交平台上用实名的缘故，因为它可以约束我的言辞，做到绝不进行人身攻击。然而遭遇就如保罗·多兰所言："我不喜欢读虚构的作品，却遭到了其他学者和媒体的严厉批判。"这个圈子，有多少人不是将别人的质疑与批评视为骂人的？

最后，我想说的是，如果想要写教育叙事，不妨就记记流水账，让他者去审视与思考，可能的话，自己也可以从学理上对这些流水账做一些分析。这样的叙事，在美国人肯尼思等合著的《教学伦理》一书中倒是不少，感兴趣的不妨找来翻翻。

44

人工智能时代，
教师是"关键人群"

当下，"智慧校园""智慧教室""智慧课堂"建设正扑面而来，尤其是今年初 ChatGPT 的出现，无疑对教师的功能与角色的转变提出了挑战。

| 由 ChatGPT 来袭说开去 |

ChatGPT 来袭，再一次思考：学校教育究竟是教知识，还是教能力，抑或两者并重？我个人认为，能力是建立在知识的基础上的。我不懂英语，就不知道如何注册 ChatGPT。请朋友帮忙，找到了 ChatGPT Clone Demo By lolo。朋友说，ChatGPT Clone Demo By lolo 给出答案的还是正牌的 ChatGPT，中间程序只是解决了中国用户的注册和访问问题。他建议最好用英语问，我做不到。尝试用中文问了几个关于校长领导力的问题，譬如"随着您的出现，您觉得校长领导力在哪些方面需要做一些改善"，ChatGPT Clone Demo By lolo 的回答是：

第一，鼓励多元文化和多元思想：校长领导力应该鼓励学生和教职员工对所有文化背景或政治观点的尊重和宽容；第二，强调可持续发展：校长领导力应从环境保护的角度考虑学校发展，加强环境培训，把绿色发展与科学教育紧密结合，以保护环境；第三，加强文化遗产教育：校长领导力需要充分发挥教育传承作用，倡导学校在课堂当中也传承正确的文化遗产，引导学生正确认识与尊重历史；第四，注重学生发展：校长领导力要重视学生身心发展，关注学生学习及社交能力的全面提升，尊重学生个性和创新思维，培养学生负责任、爱岗敬业的精神。

以上回答，四平八稳，但了无新意，更不具备我的个人认知。但是，我将自己问的几个问题以及 ChatGPT Clone Demo By lolo 的回应给几位编辑看，一位说，说实话，这些文字和思路，领先于绝大部分自投稿，但不能跟专家的约稿相提并论；另一位说，从论文写作的角度看只能算给出了一个大纲，不过比那些一看逻辑框架就有问题的文字还是好了很多，可以算是平均线上文字。从实践层面看，作为管理者能做到文中所言的内容或做到 50% 的并不多。换句话说，如果能把常识做到 80%，也是极好了。但作为编辑，有可能看到千篇一律的文字，也是细思极恐的。一位大学教授朋友说她也试过，ChatGPT 的回应差不多也这样——偏综述性，学理性不够，缺少独到的认识，但比大多数本科生要写得好。ChatGPT 帮助初学者写作业，真的是能够胜任的。

看了上述各位的意见，我的想法是，随着未来 ChatGPT 的普遍使用，教学伦理问题会显得十分突出，稍有不慎就会引发许许多多意想不到又在情理之中的伦理道德问题。

又找了个可以试问一次的平台，问了一下关于"教育"的话题。跳出一篇自动生成的英语文章，我看不了，也许它说得比较具体。我再问 ChatGPT Clone Demo By lolo：您的出现无疑给人们获取知识带来了便捷，那么，是否意味着人们就不需要掌握知识了呢？ChatGPT Clone Demo By lolo 的回答是："不是的。虽然我们可以利用网络获取知识，但掌握知识是人们不可或缺的能力，因为这样才可以做出更有效的决策，解决实际问题，提高自身能力。"这个回答倒是与我的认知一致：能力一定是建立在知识的基础上的，教学既要教知识，也要教能力；智能时代死记硬背肯定不行，但是没有基本的知识，自然不可能形成技能，比如检索的技能至少需要明白要检索什么，用什么检索才行。

有介绍说，ChatGPT 可以帮助教师设计教案，实现教学的针对性和有效性。于是，我尝试问了一下 ChatGPT Clone Demo By lolo 能否给我设计一个高一年级《乡土中国》整本书阅读的教学方案。第一次问，它给了我这样一个方案：

一、全面介绍《乡土中国》

掌握书本的结构：《乡土中国》共 14 章，分别介绍中国的农业、文化、历史、宗教、风俗、建筑、艺术、人物以及其他各种乡土特点。

全面了解书本的内容:《乡土中国》记述中国最深处的乡村生活，以及中国古老的传统文化，书中提供的信息可以帮助读者深入了解中国的乡土文化。

探究书本的影响:《乡土中国》被誉为中国现代文学史上一部伟大的作品，对中国文化、历史和社会等方面都有深远的影响。

二、步骤式阅读教学

设定目标:帮助学生更好地理解《乡土中国》的内容，并培养学生的阅读兴趣。

分析关键词:在读经典书籍前，要先读书本的封面、目录，了解书本的概要内容，并分析概要中出现的关键词。

分章节阅读:学生可以按照章节来阅读，以便了解每一章节的主题，比如读《乡土中国》第一章，阅读的目的是了解中国农业文化，以及农民在中国社会中的重要地位。

细节阅读:在阅读章节时，建议学生进行细节阅读，以便掌握书本中每一细节的内容，从而更好地理解整本书的内容。

总结讨论:在阅读完整本书后，应该进行讨论，对书本中学到的内容进行总结，改进思想，提高思维能力。

我追问:《乡土中国》与乡土文学有关系吗? 它的回答是:

《乡土中国》与乡土文学有着密切的联系。乡土文学是以农村、乡镇和乡村生活为主题的文学作品，其目的是要展示农村、乡镇及其人民所具有的特点，展示他们普遍追求的幸福生活。《乡土中国》也是一部非常出色的乡土文学作品，它不仅把乡村和乡镇生活描述得栩栩如生，而且呈现出了乡村人民的诸多精彩与人文关怀。

我又追问:《乡土中国》属于怎样一本书呢？文学作品？社会科学著作？它的回答是:

《乡土中国》属于文学作品。该书以真实的历史故事为基础，展现出中国人的天真无邪、温暖淳朴的生活方式，表达出乡村生活的热情和温暖，充满了动人的感情气息，是一部选取古老乡村记事、叙述人物历史故事的文学作品。

时隔两天，又问了一下关于《乡土中国》的整本书阅读教学设计，主要问了这样一些问题:

能替我设计一下高一年级《乡土中国》整本书的教学目标及评价标准吗？能替我设计一下高一年级《乡土中国》整本书阅读的教学任务吗？以"差序格局"为例，可以设计哪些可供学生讨论的话题呢？如何在《乡土中国》中谈及的"差序格局"的阅读指导中，给学生以积极的影响呢？在《乡土中国》中谈及的"差序格局"的阅读指导中，为给学生以积极的影响，具体可以组织哪些活动呢？

它的回应明显超过前天。一个朋友告诉我，他们集体备课，关于PYP课程，外教用这个软件，检索探究课的课时计划，结果给出了很多页的课时计划，包括详细步骤和评估。

可见，要用好 ChatGPT，关键在谁问，如何问，用什么语言问。想要借助 ChatGPT 设计教学方案，我们本身对具体内容的教学设计至少应该有个大致思路。要让 ChatGPT 发挥应有的作用，关键还在使用它的人。

有一点是可以肯定的，ChatGPT 的知识储备是相当丰富的。随着人们的广泛使用，它的生产力与学习力也一定会是惊人的。我尝试问了一下 20 世纪我国的师范教育对当下师范教育的借鉴意义方面的几个问题，它的回应超过了 1 万字，稍微捋一捋就是一篇不错的论文，质量绝对超过平均水平。只不过，想要呈现出某个个体特定的表述，估计不大可能。毕竟，它只是工具。我从不同角度问了一下对我本人的知晓度，它的回应就属于胡说八道了。可见，目前来看它也并不是无所不能的。不过随着时间的推移，估计它会不断填补有关领域的知识空白。细想下去，简直可以用"不寒而栗"来形容。它给我们带来的思考是：不更新观念，不学习，就会被时代抛弃；没有独立思考，不具备批判性思维素养就难免平庸。另外，它也可以成为一面照妖镜，照见那些不学无术的"名校长""名师"的真水平；当然，更有可能为他们投机取巧提供方便。我十分认同一位朋友的观点：在已有知识的总结和呈现上，智脑胜人脑是必然，知识储备不同；人脑胜智脑的意义在于突破与创新，如果智脑具备创新意识，人类可能就危险了。

教师是人工智能时代教育教学改革发展的"关键人群"

人工智能时代，学校教育需要做些什么？教育部颁发的《网络学习空间建设与应用指南》中有这样的要求："引导学校将教师利用空间开展教学等纳入岗位考核中，激励教师主动利用空间。创新学生评价办法，引导学校将学生在线学习行为、能力、成果等纳入学生评价范畴，充分利用学生成长记录开展综合素质评价，发挥其在升学、就业等评价过程中的重要作用，激励学生主动利用空间。要求学校指导学生科学规范地使用智能学习终端应用空间，养成信息化环境下良好的学习和用眼卫生习惯，切实做好儿童青少年近视防控工作。"此外，教育部颁发的《关于实施全国中小学教师信息技术应用能力提升工程2.0的意见》强调学校信息化教育教学改革发展引领教师信息技术应用能力的培训，必须抓住"关键人群"，以实现"到2022年构建以校为本、基于课堂、应用驱动、注重创新、精准测评的教师信息素养发展新机制，通过示范项目带动各地开展教师信息技术应用能力培训，基本实现校长信息化领导力、教师信息化教学能力、培训团队信息化指导能力显著提升，全面促进信息技术与教育教学融合创新发展"的目标。

如何理解"关键人群"？我以为，这"关键人群"就是指教师。因为无论什么形式下的学习都离不开教师，只不过人工智能时代教师的角色与功能将会发生巨大的改变。如何改变？人工智能时代我们这些"关键人群"充分认识到智能科技与教学结合起来的巨大潜力，必须给学生的生命成长以更大的关注。《未来教育新焦点：专注自己、关怀他人、理解世界》的作者之一丹尼尔·高曼说："我希望用科技来传授一大部分的知识学科内容，我希望这样可以让教师多一些时间来帮助孩子培养三种专注力——专注于自我察觉、关注他人感受，以及认识更大的系统，并且帮助他们学习如何在日常生活中运用这些专注力。""由于科技创造出愈来愈多优质的网络功能，让我们能够提供以内容为本的高品质学习。""如果能利用科技传授更多基本学科知识和技能，就能重新定义学校教育的概念。""每天腾出更多的时间得以用在培养社交与情绪的技能上"以及系统的思考上。

2023年10月麻省理工学院的两位学者发文力证：大型语言模型（LLM）能够理解世界！他们的工作表明，大型语言模型不仅仅学习了表面的统计数据，还学习了包括空间和时间等基本维度的世界模型。人工智能和机器学习领域最权威的学者之一吴恩达对该研究表示高度认可，他认为基于该研究，有理由相信大型语言模型构建出了足够复杂的世界模型，在某种程度上来说，确实理解了世界。可以想象，随着大型语言模型的迭代发展，其对教育的挑战将变得更加复杂。

首先，如何将大型语言模型成功并有效地整合进教学系统或课堂，是任何一个教师不得不考虑的问题。大型语言模型可以提供大量的信息和知识，但如何将这些信息和知识适度地传递给学生，以保证他们能够理解并消化，就是个大问题。过度的信息可能给学生造成困扰和压力，影响他们的学习效果。

其次，大型语言模型是否能真正替代人类教师，这也是一个极具争议的话题。尽管大型语言模型能够理解世界，但人类的情感和社交交际等能力，大型语言模型可能很难学习和掌握。人类教师和学生之间的互动，对于学生的学习和发展来说，是非常重要的。所以，如何在引入大型语言模型的同时，保持这种人与人之间的育人交流，也是一个巨大挑战。

此外，还有一个伦理道德问题。随着大型语言模型的普及和应用，人类的隐私和数据安全问题也被提上了日程。大型语言模型的学习和预测能力，可能会被用于不良目的，造成不可估量的损失。

因此，教师作为人工智能时代的"关键人群"，提升信息素养就成了一个迫在眉睫的任务。

想要充分发挥人工智能工具传授更多基本学科知识和技能，对教师而言，首要的是要自觉增强信息技术与学科教学整合的意识，自觉改变教学观念与教学行为，充分认识人工智能技术可能给教育带来的改变。我们必须清醒地认识到，观念与行为的改变，不是一朝一夕就可能实现的。我们需要的是从每一件细小的事情做起，扎扎实实地花一些时间"帮助孩子培养三种专注力——专注于自我察觉、关注他人感受，以及认识更大的系统，并且帮助他们学习如何在日常生活中运用这些专注力"。诚如怀特海所估计的那样，一个新的思维模式渗透进一个文化的核心，需要1000年，而科学成为人们持续关心的事业，才不过500年。教育作为一门科学需要每一个人来感觉和加入那些改变，而不是通过几个文件、几次会议和几场培训就可以实现的。

▎作为"关键人群"的教师必须具备与其核心价值相匹配的专业技能 ▎

香港大学教授程介明老师说："'教师'不是一般的职业。教师的核心是以学生为重，以服务对象为重，这是一切专业的核心价值。我认为，学习是人的天性，人一出生就在学习，但是教育者不是，教育是成年人为下一代设计的有系统的学习，教育的最终目的是为学生准备他们的长远未来。"那么，教师算不算专业人士？1980年，一个英国的大学教授对于什么是专业总结了以下基本特点：有一个很关键的社会功能、有自己特殊的知识技术、有比较坚实的知识系统。因此，它需要经过比较长期的培训——培训不光是传授知识，也明晰其核心的价值。程教授认为："所有专业的核心价值都是：一切为了服务对象。"如此来说，教师作为专业人士，其核心价值就是为了学生。一切为了学生的认知似乎所有的教育人士都是认同的，但是在实际的教育行为中践行这样的认知，我想光有情怀和毅力，或者说光抱着我们这是"为你好"的信念恐怕是远远不够的。我以为，我们如果真的要成为名副其实的专业人士，还得有与核心价值相匹配的知识与技能，尤其是与之相适应的终身学习的能力与行动。

2022年11月，教育部发布了《关于发布〈教师数字素养〉教育行业标准的通知》，给出了"教师数字素养框架，规定了数字化意识、数字技术知识与技能、数字化应用、数字社会责任、专业发展五个维度的要求"。其中的教师数字素养是指适当利用数字技术获取、加工、使用、管理和评价数字信息和资源，发现、分析和解决教育教学问题，优化、创新和变革教育教学活动而具有的意识、能力和责任，要求教师"理解数字技术在经济社会及教育发展中的价值，以及认识数字技术发展对教育教学带来的机遇与挑战"。教师必须具备"数字化意愿"，即"主动学习和使用数字技术资源的意愿，以及开展教育数字化实践、探索、创新的能动性"。同时要求，"教师在面对教育数字化问题时，具有积极克服困难和解决问题的信念，包括战胜教育数字化实践中遇到的困难和挑战的信心与决心"。这些文件对教师如何应对对数字化时代的教育转型与变革提出了宏观而具体的要求，作为教师都必须认真按要求去关注、学习、实践、探索，不断提升数字化时代教师应当具备的基本的数字素养。

安德烈亚斯·施莱克尔在《世界水准：如何构建21世纪的优秀学校系统》一书中指出："今天，我们通过搜索引擎获取内容知识，常规的认知任务也正在进行数字化和外包，教育的重点必须转向使人们成为终身学习者。""终身学习意味着针对情况的变化而不断学习、忘却学习、再学习的过程，这一过程需要进行不断地反思、预期和行动。我们在做决定、做选择和采取行动时，要跳出已知或认定的领域采取不同的视角，这时就需要采用批判性思维的立场进行反思性的实践。""目前的学校比以往任何时候都需要帮助学生适应更快的变化，培养他们从事未来的职业，训练他们运用未来的技术，以及锻炼他们应对意想不到的社会挑战。学校还需要让学生融入这个相互联系的世界，在这个世界里，学生会理解和鉴别不同的视角与世界，与他人进行成功、互敬的交流，对人类社会的可持续发展和福祉负责。""目前的学校教育需要更加重视思维方式（包括创造性、批判性思维，问题解决能力和判断能力）、工作方式（包括交流和合作）、工作工具（包括认知能力和开发新技术潜能的能力）以及在多元世界成为积极、负责任公民的生活能力。"

面对扑面而来的人工智能技术以及正在掀起的"智慧校园""智慧教室""智慧课堂"建设，不少教师有一种猝不及防与我行我素，甚至有不同程度的抵触。人工智能技术进入学校，进入课堂，就如有人所说的那样：四十年前，人们惊呼武侠小说会毁掉下一代；三十年前，人们惊呼流行音乐会毁掉下一代；二十年前，人们惊呼电子游戏会毁掉下一代；十年前，人们惊呼因特网会毁掉下一代；现在人们开始惊呼智能手机会毁掉下一代。但发展历史证明：没有任何力量能毁掉下一代，毁掉的只是无知盲目而且不学习不进步的上一代。我们是不是需要审视一下我们这些教师在新技术、新设备面前的自我学习与自我更新是不是与"智慧校园""智慧教室""智慧课堂"生态相匹配？我们是不是应该尽自己的所能去了解"智慧校园""智慧教室""智慧课堂"对教师固有认知与技能带来的挑战？我们是不是必须尽自己所能去学习与掌握这些理念与技术？我们不去学，不去用，又如何判断用与不用人工智能设备的教学的优劣？新技术、新知识的普及是必然的，尽管进程缓慢，但螳臂终究挡不了时代的列车，我们需要思考并付诸行动的是如何顺应，而不是抵触。

有心的同仁，不妨观察统计一下：我们身边的教师朋友，有多少真正掌握了学校现有的"电子白板""交互式黑板"的功能，并能娴熟而有机地融入自己的课堂教学中？最近，我与几位同仁为一云教育平台开发了一门为高三学生在家学习的公益课程。这当中，我们进一步认识到网络教学对我们这些教师而言，远不是将课程设计好了，PPT做好了，音频与视频录制好了，就大功告成了。上传前的编辑与整合，还有大量的工作，还是交由掌握互联网技术与计算机科学的专业人士来做的。从我们提交教案、PPT、音视频资料，到完成上传，这些专门人士的工作量也是相当可观的。这个过程告诉我们的是，相应的专门技术可不是我们这些学科教师靠情怀、靠信心与毅力能够熟练驾驭的。其实，道理很简单，术业有专攻，所谓"专业的事要交给专业的人做"说的就是这个道理。我这里并不是主张学科教师不需要掌握互联网技术与计算机科学，相反，我们很有必要了解与掌握足以支撑与人工智能技术相匹配的互联网技术和计算机科学知识与技能，否则，我们就可能落伍甚至可能会被淘汰。至少我主张，只要时间和精力允许，无论年长年少，都要有这样的学习意识与学习行动。即便我们不做教师了也应该如此，因为互联网技术与电脑科学在今天已经处于一种如影随形的状态了。

作为"关键人群"的教师必须自觉提升"信息素养"与"教学伦理"意识

作为教师，我们必须认识到，"智慧课堂""智慧教学"关键是"智慧"，"智能化工具"不等于"智慧"。而要深刻地认识到这一点，就要自觉地提升我们的"信息素养"。有资料表明，最早提出"信息素养"的是美国信息工业协会的会长波尔。他在 1974 年是这样定义的：利用大量的信息工具及主要信息源使问题得到解答的技术和技能。具体来说，信息素养是指一个人的信息需求、信息意识、信息知识、信息道德、信息能力方面的基本素养。在互联网生态下，信息素养至少应该是每一位专业人士必备的素养，甚至可以说是每一个人都应该具备的基本素养之一。然而，当我们审视教师群体的"信息素养"状况时，就可以发现一个不容乐观的现实问题，那就是，我们这个群体的信息素养状况至少是与当下的"智慧校园""智慧教学"相去甚远的。试问，今天我们教室里普遍使用的电子白板、交互式电子黑板的功能，有多少教师是能够熟练使用的？退一步讲，又有多少时候在运用？即便是那些已经实现了学生人手一只平板电脑的课堂上，又有多少是真正意义上的"教育＋互联网"？有多少不是用现代信息技术与计算机科学来强化刷题与灌输的？

技术如何服务于教学？教育部科技司司长、教育部网络安全和信息化领导小组办公室主任雷朝滋有如此提醒："不是简单利用技术辅助教学，不是在教育系统的某个或某几个环节修修补补，仅仅把互联网技术看作教学的辅助工具和支持手段，热衷于用技术来加固传统模式"，而"是推进互联网及其衍生的相关技术与教育深度融合，实现对教育的变革，创造教育新业态"。这背后需要的是整合技术的学科教学知识与能力，亦即获取数据、分析数据、运用数据，从数据中得到更多的信息和关联来理解和改善教育。它需要我们通过"分析—发散"来构造替代的逻辑策略（问题和情境的构成要素，就隐含着不同的状态可能性，通过对这些内含要素的分析和变换，就可能找到新的问题解决或替代方案，这就是创新的逻辑道路）。正如泰德·丁特史密斯所说的："教师不会想着怎样以超越互联网的博学去向学生单纯地传授内容知识。他们会鼓励、调动学生的积极性，让学生自己去探索、批判，利用一切可以找到的资源。教师们不会站在讲台上喋喋不休、照本宣科，而是更像顾问、导师、教练。"这就要求我们这些教师在设计教学时将信息技术深度融入教学方法运用、教学媒体选择、教学实施、评价反思等教学的全过程中，主动提升在线课程设计与开发、混合式教学、数据分析和评价等信息化职业能力，不断更新专业知识、提高专业技能。这当中还有一个必须引起我们重视的人文素养与教育伦理的问题，以及必须具备在众多信息面前坚持批判精神的问题。

人工智能时代，我们需要提醒自己的是，人工智能技术是为开发人的智能服务的，而不是用来强化对学生的控制的。人工智能本是推动社会进步的手段，我们在使用这些技术时，一定要警惕使其成为更细致、更精密地控制学生的言行乃至心智的"走神环"之类的工具与手段。需要强调的是，人工智能时代更需要我们这些教师强化"教学伦理"与"技术伦理"的意识，在使用技术的时候恪守基本的"教学伦理"与"技术伦理"底线。哥大教授周以真对此有这样的提醒："说起人工智能（AI）技术，一定离不开三大因素——必要的大数据信息、强大的算法技术，以及必要的算力支持，这些是人工智能技术发展的重要组成部分。其中，大数据是人工智能技术发展的基础。""实际上每个人都有自己关于隐私的底线，因此就很难有个通用的解决方案，这个问题很难解决。但是，坚持数据向善很重要。"周以真认为，尽管数据驱动了AI技术的发展，但请用善良的方式使用数据。这是极为重要的，毕竟，在 AI 技术的背后仍然是人类在做主导。

┃ 教师这一"关键人群"的教学观念和行为要指 向人的发展 ┃

肯尼斯·A·斯特赖克等人在《学校管理伦理》一书中说："一个人作为道德主体的成长才是激动人心的事情。作为道德主体，他们关心他人，愿意且能够对自己负责任，促进这种发展是教师的管理者从根本上应该做的事情，不管他们还能关注什么其他的事情。作为教育工作者，我们从事的首要工作就是造就人。"

从教育哲学的立场来看，人工智能时代的教学，更需要给学生自由与选择，帮助他们养成独立思考的习惯，让他们学会交流，学会创造，学会探究与合作，在丰富的学校生活中提升能力增长智慧。一言以蔽之，要为学生乃至民族的未来让教育回归，回到教育的正道（大道）上来。这样的道理，其实我们不是不明白。然而，在实际的教育生活中，我们的问题往往是将"一切为了学生""将学生放在学校正中央"贴在墙上、写在文章中、挂在嘴皮子上，但在实际的教学中，往往将它们抛到九霄云外去了。

用过《微信读书》《高德地图》APP 的同仁们从情感体验的视角来看，是更喜欢《微信读书》的 AI 朗读，还是《高德地图》上郭德纲的语音提示？我想，答案一定是再明朗不过的。因为，一个是呆板的、冷冰冰的，一个则是鲜活的、与场景相匹配的。我们必须明白，教育面对的是活生生的人，人才是教育的主体，再强大的机器也只是机器。可怕的是，我们常常将人训练成了机器。

有一回，我应邀参与某名校组织的教学研究活动。有一堂课，让六年级的学生用在《两小儿辩日》中学到的"辩斗"进行"辩论"实践。本来是很好的创意，遗憾的是，我现场数了一下，40 个学生居然有 22 个手头有准备好的讲稿，而不是准备的素材。教师让小学四年级的学生用"韦编三绝"造句，我一听到这个要求，简直可以用目瞪口呆来形容。我造不出来。我也只能用老师举的范例：孔子研究学问很认真，他翻《春秋》居然"韦编三绝"。我以为，这些细节的背后表面来看是教学起点的问题，深入一点分析一下那就是理论与实践脱节的问题，从根本上看就是目中无人的问题。如果我们的教学总是这样的话，如何能够使学生成为积极、负责任的公民？

　　如果我们真的认同"所有专业的核心价值都是：一切为了服务对象"，真的是"一切为了学生""将学生放在学校正中央"，那么，就必须认识到无论怎样的教育生态，教师的教学观念和行为都要聚焦在人的发展这一宗旨上。所谓的"从小事做起，扎扎实实走稳每一步，积少成多，进而掀起大规模变革，帮助学生培养出目标感、关键能力、自主性和掌握真正的知识"，是不是应该时时刻刻从学生的认知水平出发考虑教学起点与教学任务？是不是应该考虑这样一些细小的问题：教学当中所用的 PPT 上的语言是给学生看的，还是给听课的老师看的？我们录制或者选择的教学课程资源、教学材料一旦要呈现出来的时候，是不是要考虑受众的身份、角色、年龄、学段乃至性别？细小的问题的背后，折射的恰恰是不是真的具备自觉地为了服务对象的核心价值。如果我们真的总记着为了人的发展的教育宗旨，或者真的没有忘记教育的初心，如果我们每时每刻都在这些小事上用心思考，扎扎实实走稳每一步，就可以积少成多，实现"观念改变，行为改变""行为改变，观念改变"的良好循环。天长日久坚持下去，我们每个人就有可能成为推动教育变革的中坚力量。

附： 《让天赋自由》读书摘录

　　《让天赋自由》的两位作者认为："当前的教育系统有很多优点，也获得了成功。对许多擅长传统学习方式的人来说，这个系统运行良好，而且大多数人经过 13 年的公共教育后，至少能够达到中等文化水平，这对一个 20 岁的人来说，确实能带来不同。"但也有不可忽视的问题："公共教育给学生带来了从众的残酷压力。公立学校不仅诞生于工业主义的需求，也变成了工业化的'缩影'。在许多方面，公立教育反映了它所支持的工厂文化。特别是在高中，学校教育就像组装流水线和有效分工的系统一样，学校将课程划分为了不同的专业部分：一些教师负责安装学生的数学模块，其他老师负责安装历史模块。他们将一天划分成标准的时间单位，标志限界就是上下课铃声，就像一个工厂里宣布工作开始和结束的信号。学生根据年龄阶段批量接受教育，好像他们最重要的共同点就是生产日期。学生们在固定的时间参加标准化考试，而且在送去市场之前还要经过竞争淘汰。我知道这个比喻并不完全贴切，因为它忽略了许多复杂的系统，但两者确实非常类似。"作者说得貌似有些道理，不知诸位以为如何？

　　他们认为，"教育的根本问题之一是，大多数国家都使他们的学校采用了'快餐模式'，而不是'米其林模式'"。这认为基本是靠谱的。他们认为"未来的教育不应是标准化的，而应该是订制化的"。所谓米其林模式的特点大概是定制化吧。"未来的教育必须是能实现天赋的。"我的理解的要"实现天赋"就要尊重差异，而不是统一标准，统一要求。亦即作者所说："我们需要的教育不是提倡集体思维和'去个性化'的教育，而是培养真正具有深度和活力的各种人才的教育。"

"教育本应是我们发现天赋的主流途径，但现实中往往起到了相反的作用。对我们所有人来说，这是一个非常严重的问题。在许多教育系统中，这个问题甚至越来越严重，我们该怎么做呢？"

"我们迫切地需要充分开发个人的天赋资源，这对个人和社会的健康发展都是至关重要的。教育应该是一个开发所有资源的过程。"

两位作者认为造成现如今不利于学生实现天赋的主要原因不在教师，而在走偏了的教育改革。"我不认为是老师造成了这个问题，这是教育系统中的一个本质问题。事实上，教育的真正挑战就在于赋权给充满激情和创造性的教师，以及激发学生的想象力和学习动机。""在大多数情况下，政策制定者并不理解教学在提升教育水平中的重要性。基于在教育界几十年的工作经验，我觉得提高教育的最好方式主要不是改善课程，也不在评估方面，虽然这些事情都很重要。"他们坚定地认为："改善教育最有力的方法是，投资改善教学环境和优秀教师的地位。如果没有伟大的老师，就不会有伟大的学校。""鉴于我们所面临的挑战，教育不需要改革，它需要的是变革。教育变革的关键在于个性化而非标准化，在于发现每个孩子的天赋并让他们实现成就，让学生置身于他们想要学习的环境中，让他们在其中可以自然地发现自己真正热爱的东西。当然，关键还是要接受天赋的核心原则，世界各地教育中最成功、最有活力的创新，都说明了这种方法的真正力量。"

如何改善？他们的建议是：

"第一，我们需要消除现有的学科等级结构。让某些学科凌驾其他学科之上，只会强化工业时代的过时假设，而且违背了多样性的原则。有太多学生的天赋在读书期间被边缘化甚至忽略了，而艺术、科学、人文、体育、语言和数学对学生的成长都是一样重要的。"

"第二，我们需要质疑整个'学科'的概念。几代人以来，我们形成了艺术、科学、人文、以及其他学科相互区分的理念。事实是，它们之间有很多共同之处。艺术中也包含有伟大的技巧和客观性，就像科学的核心也充满了激情和直觉一样。学科与学科之间存在鸿沟的观念也违反了动态性的原则。""学校的课程系统不应该基于相互割裂的单门学科，而是要基于跨学科的肥沃土壤，比如数学不仅仅是要学会一系列公式，而且要学习复杂的思维模式、实践技能和概念。数学是一门学科，也可以说它是一系列学科，戏剧、艺术和技术等学科也是如此。只有多学科的想法才能让跨学科的课表流动起来，充满活力。"

"第三，课程应该是个性化的。学习发生在个体的思维和灵魂中，而不是多项选择题的数据库里。事实上，并没有那么多孩子每天早上醒来就在想怎么才能提高自己的阅读成绩。学习是一个个性化的过程，如果我们感兴趣的是人们的天赋，这一点就更为重要。而当前的教育过程并不考虑个人的学习风格和天赋，也因此破坏了个性化的原则。"

他们还说："好老师总是明白，他们的真正使命不是教授学科，而是教育学生。指导和培训是教育这个生命系统中的重要动力。"我的理解是，好的教师应该成为学生生命历程中的"贵人"，帮助学生实现天赋的贵人，而非打压其个性的重要他人。